イノベーション創出を実現する

「アート思考」の技術

株式会社E&K Associates
長谷川 一英

同文舘出版

Prologue

イノベーションへと導く「アート思考」

これまでの人類の歴史の中で、数多くのイノベーションが生まれ、それらによって私たちの生活は大きく変貌してきました。

最近の事例でいうと、新型コロナウイルスに対するmRNAワクチンが挙げられます。従来、ワクチンの開発には5年ぐらいの期間がかかっていました。しかし、この新しい技術を使ったことで、1年もかからずにワクチンを開発することに成功し、世界中の多くの命を救うことができたのです。

企業が成長し続けるには、常にイノベーションに挑戦することが求められます。

近年はビジネスの参入障壁が非常に低くなり、従来の事業を続けているだけでは、競合企業や新規参入してきた企業にいつ追い抜かれるとも限りません。環境の変化も大きく、お客さんのニーズも常に変化しています。

しかし、イノベーションの重要性は広く認識されているものの、どのようにすればイノベーションを起こすことができるのか、その解はいまだに明らかになっていません。

本書は、**「アート思考」を使ってイノベーションを起こす**ということにフォーカスしています。

「アートとイノベーションがどう関わるんだろう」と不思議に思う方もいらっしゃるかもしれません。

まず、「アート思考」について説明すると、学術的に明確な定義はなされていません。

これまでは、「美意識を鍛えて、主観的によりよい意思決定を行なうための思考方法」と捉えることが多く、アートとイノベーションとの関係については言及されていませんでした。しかし、最近は、「アーティストが作品を制作する過程での着眼点や問題意識、それらを発展させていくための思考方法」という意味で使われるようになってきました。

本書でも、こちらに近い考え方をしています。特に**現代アート**のアーティストたちが作品を制作する際に発揮する**「自らの関心・興味を起点に、革新的なコンセプトを**

創出する思考」を身につけ、イノベーションを実現していくためのヒントをお伝えしていきます。

さらに、こんな疑問が出てくるかもしれません。

「ルネサンスや印象派は知っているけれど、現代アートはよくわからない」

本書では、現代アートがどういうものかについても、アートの歴史を振り返りながら解説します。

アーティストの「常識にとらわれない思考」との出会い

ここで、私がどうして、このような本を執筆するに至ったかを簡単にお話ししましょう。

私は長年、製薬業界におり、創薬研究、経営企画、企業広報などを担当していました。創薬研究では、動脈硬化症の新しい診断方法・治療方法を開発する産官プロジェクトに参加。東京大学や東北大学など、多くの研究機関との共同研究に携わり、動脈硬化症に対する当時の最新のコンセプトに基づき技術開発を行ないました。最終的に、循環器疾患の危険度を測定する因子を発見し、体外診断薬を製品化させることができました。

このプロジェクトが始まったのは、1991年。まだ日本企業に余裕があり、比較的自由に研究をすることができた時代です。しかし、7年間に及ぶプロジェクトの終盤には、バブル崩壊の影響が見られるようになります。プロジェクトの性格もだんだん変わってきて、製品化することが求められるようになりました。

製薬業界の大きな課題は、新薬の研究開発の成功確率が非常に低いことで、3万1000分の1ともいわれています。3万1000個の候補化合物の中から、たった1つだけが薬になるという確率です。

しかも、研究開発にかかる時間は、9年から17年といわれていて、研究開発費は数百億円から数千億円にのぼります。日本では、医薬品の価格（薬価）は時間が経つにつれ下がっていくため、コンスタントに新薬を出せないと、製薬企業は成長するのが難しくなります。成功確率をなんとか上げられないかというのは、製薬企業の大きな課題です。

また、経営企画にいたときには新規事業探索を行ないました。このとき、既存事業の技術が活かせるものを考えてほしいという条件がつき、かなり難航しました。医薬品の営業利益率は20％程度とかなり高く、これに匹敵するような新規事業はなかなか見つかりませんでした。

このようにイノベーションで悩んでいた一方、プライベートでは、現代アートのコレクションをしたり、アートイベントを主宰するようにもなりました。そのなかで、現代アートのアーティストたちと交流するようになったのです。

現代アートには、何を意図して創られた作品なのか、ぱっと見ただけではわからないものもけっこうあります。そんなときは、実際に作品を創ったアーティストに説明をしてもらっていました。すると、私が考えてもいないようなことを語り出し、面白いなと感じていました。なかには、多くの人が常識と思っていることに対して、それを覆すようなコンセプトを提示しているものもありました。

このようにアーティストと交流するなかで、**彼らの思考こそイノベーションの起爆剤になる**のではないかと気がついたのです。

そこで、アーティストたちに、どのようにして新しいコンセプトを考え出すのかを

※参照
厚生労働省「医薬品産業ビジョン2021」（資料編）2021年

尋ねたところ、「**興味をもった事象に関して、丹念にリサーチし考えている間に思考が飛躍する瞬間がある**」と答えてくれました。

興味をもった事象についてリサーチし、どういうことなのかを考えることは、ビジネスパーソンが新製品や新サービスを考えるときの過程と似ています。

私たちも、社会課題や顧客の課題を解決しようとして研究開発を行ない、そこから製品やサービスのコンセプトを創り、実現させています。彼らのように革新的なコンセプトを考え出すことができれば、イノベーションを生み出す可能性も高くなるでしょう。

アーティストの思考がイノベーションへと導いてくれる

イノベーションを起こしたいと日々奮闘されている皆さんには、ぜひアーティストの思考に触れてほしいと思います。ところが、アーティストと頻繁に出会うようになるには、アートの世界にかなり踏み込む必要があります。

そこで本書では、アーティストがどのような視点・思考で、革新的なコンセプトを創出しているかを、作品を交えて紹介します。次に、皆さんが、アーティストと同じように斬新なコンセプトを創出できるようになるためのワークを紹介します。このワークは、アーティストたちと議論して組み立てて、実際にいくつかの場で実施し、効果があることを確かめたものです。

さらに、アーティストとコラボレーションを行ない、アーティストとともにイノベーションを起こす方法もお伝えします。これは、「**アーティスティック・インターベンション**」と呼ばれ、GAFAM（Google、Amazon、Facebook、Apple、Microsoft）など欧米の企業では盛んに行なわれています。

本書では、そうした企業事例、SDGs の解決に寄与した事例についても紹介します。

アートというと、ビジネスとは遠い存在と思っている人も多いと思います。しかし、本書を読んでいただければ、実は身近な存在で、イノベーションのきっかけを与えてくれるということに気づいていただけると思います。

美術館でアートを観るとき、初めて出会う驚きやワクワク感がとても大切です。本書もワクワクしながら読んでいただけることを願っています。

長谷川一英

第2章 革新的なコンセプトを考え、実現させるアーティストの3つの力

第3章

「アート思考」の実践①

「アート思考」を身につけるワーク 5つのステップ

第4章

「アート思考」の実践②
アーティストと協業する「アーティスティック・インターベンション」

第5章

「アート思考」の実践③
アートから得るSDGsの新たな視点

企画協力●株式会社　Jディスカヴァー
カバー・本文デザイン・図表●二ノ宮　匡（ｎｉｘｉｎｃ）
本文ＤＴＰ●株式会社ＲＵＨＩＡ
※本書の情報、参考文献・サイトは２０２３年１月現在のものです。また、本書の内容は著者の見解であり、作家・作品の意図するところではありません。

第1章

これまでにないイノベーションを起こす「アート思考」

1

人々のライフスタイルや文化を変えるイノベーション

経済産業省イノベーション100委員会が2019年に発表した「日本企業における価値創造マネジメントに関する行動指針」には、イノベーションの定義が以下のように記載されています。[※1]

研究開発活動にとどまらず、

1. 社会・顧客の課題解決につながる革新的な手法（技術・アイデア）で新たな価値（製品・サービス）を創造し
2. 社会・顧客への普及・浸透を通じて
3. ビジネス上の対価（キャッシュ）を獲得する一連の活動を「イノベーション」と呼ぶ

※1　経済産業省 イノベーション100委員会「日本企業における価値創造マネジメントに関する行動指針〜イノベーション・マネジメントシステムのガイダンス規格（ISO56002）を踏まえた手引書〜」

また、科学・経済啓蒙家の**マット・リドレー**（Matt Ridley）は、『人類とイノベーション』[※2]の中で、「イノベーションとは、エネルギーを利用してありえないものをつくり、つくられたものが広まるのを確かめるための、新しい方法を見つけることを意味する」と定義しています。

いずれも、「**これまでになかった革新的なものをつくり、普及させること**」と言っています。

さらに、これまでになかった革新的なものの中には、人々のライフスタイルや文化にも大きな変化をもたらし、経済効果も引き起こすものが多いのです。

例えば、スマートフォンによって、いつでもどこでも、多くのことができるようになりました。また、コロナ禍で普及したオンライン会議によって、働き方が大きく変わった人も多いと思います。

本書では、こうした「**これまでにない革新性をもち、人々のライフスタイルや文化を変えるものをつくる**」イノベーションを主に取り上げます。

企業で研究開発や新規事業に関わっている皆さんは、このようなイノベーションを起こしたいと考えていると思います。しかし、どうすれば、人々のライフスタイルや

※2　マット・リドレー（著）、大田 直子（翻訳）『人類とイノベーション：世界は「自由」と「失敗」で進化する』NewsPicksパブリッシング（2021）

文化を変えるような、これまでにないイノベーションを起こすことができるのかについて、私たちはいまだ明確な解を知りません。

「イノベーションの父」と呼ばれる経済学者の**ヨーゼフ・シュンペーター**（Joseph Alois Schumpeter）は、「**新しい知とは常に、『既存の知』と別の『既存の知』の『新しい組み合わせ』で生まれる**」と語っています。※3

ハーバード・ビジネス・スクール教授の**クレイトン・クリステンセン**（Clayton M. Christensen）も、「**イノベータは、一見無関係に思えるアイデアを結びつけ、独創的なアイデアを生み出すのに長けている**」と述べています。※4

しかし、ただ単に関係のないことを結びつけて新しい物事を考えるというワークショップを行なっても、イノベーションといえる革新的なアイデアが出てくることは、あまりないのではないでしょうか。ライフスタイルや文化を一変してしまうようなインパクトをもった物事を考え出すのは非常に難しいのです。

イノベーションを創出する思考について研究している、事業構想大学院大学の**田浦俊春**氏は、このような議論を踏まえ、これまでにない革新的なイノベーションを起こすには、**非目的論的思考**が重要と指摘しています。※5

※3　入山章栄『世界標準の経営理論』ダイヤモンド社（2019）
※4　クレイトン・クリステンセン、ジェフリー・ダイアー、ハル・グレガーセン『イノベーションのDNA［新版］破壊的イノベータの5つのスキル』翔泳社（2012）

非目的論的思考とは、「**予め目的ないし目標が外部から与えられない、ないし、それらを心的内部に非明示的に置く思考である。そこでは、思考は自由に（非因果論的に）進む。偶然性が大きく左右する。そして、目的ないし目標は、結果として外部に表出する**」というものです。あらかじめ目的が設定されると、それ以外のことに関心が向かなくなってしまうという限界を超え、自由に発想することを目指すものです。目的が設定されないため、それに代わるものとして、**設計思想と感性**が重要な役割をもちます。

設計思想とは、プロダクトを設計する際に意識する理念（あるべき姿）のことで、主観的に定めるものです。一方、感性は、何らかの事象に出会ったときに「ひらめき」を生じさせるものです。つまり、**制約をなくし自分の主観（興味・関心）で広く社会事象を捉え、自由に発想することで、イノベーションにつながる組み合わせがひらめくようになる**のです。

この思考態度は、「アート思考」の特徴と同じということができます。

次項では、「アート思考」について、より詳細に説明します。また、ビジネスの世界でよく使われる「論理的思考」や「デザイン思考」との違いについても考えます。

※５　田浦俊春「イノベーション思考の論理　―現状の延長線上にないアイデアを創案するための一つの考え方―」事業構想研究 第5号 p.1-12（2022）

2

「アート思考」「論理的思考」「デザイン思考」を比較する

本書の主題である「アート思考」は、「**自らの関心・興味に基づき、常識を覆す革新的なコンセプトを創出する思考**」をいいます。

アート作品が、アーティストの個人の価値観や興味を表現しているのと同様に、アート思考は**自分起点で考える**ことに重点があります。さらに、革新的なコンセプトを創出するために、**思考を飛躍**させるという特徴があります。

「アート思考」という言葉が使われたのは、2008年ごろに、フランスのビジネススクールＥＳＣＰの**シルヴァン・ビューロゥ**（Sylvain Bureau）がArt Thinking Improbableというプログラムを始めたことが最初といわれています。※6

2009年にビューロゥの友人でアーティストの**ピエール・テクタン**（Pierre Tectin）が作った教育メソッドを取り込みました。そして、**起こりそうもないものを**

※6　ESCP「Sylvain Bureau」　https://escp.eu/bureau-sylvain

創り出す手法を学ぶこと、**確実性や現状を疑う**ことで作品をデザインすることの2つのアプローチで教えるようになりました。

同じ2008年、アーティストでコンサルタントの**ヨルグ・レッケンリッヒ**（Jörg Reckhenrich）が「The Strategy of Art」を執筆、「クリエイティブリーダーシップにおけるアート思考」を提唱しました。レッケンリッヒは、**世界中の大企業とコラボレーションを行ない、アートを通じてより革新的で創造的になることを支援**しています。※7

「論理的思考」と「アート思考」

日本では、2017年に**山口周**氏が、『世界のエリートはなぜ「美意識」を鍛えるのか？ 経営における「アート」と「サイエンス」』※8を刊行して以来、アート思考の注目度もあがってきました。

山口氏の主な主張は以下の通りです。

経営学者の**ヘンリー・ミンツバーグ**（Henry Mintzberg）が、**経営とは経験（クラフト）、直感（アート）、分析（サイエンス）の三つを適度にブレンドしたもの**と述べ

※7 Jörg Reckhenrich, Jamie Anderson, Costas Markides「The Strategy of Art」Business Strategy Review Vol.19, issue 3, p.4-12 (2008)
※8 山口周『世界のエリートはなぜ「美意識」を鍛えるのか？ 経営における「アート」と「サイエンス」』光文社新書（2017）

ました。

「アート」は組織の創造性を発揮することで、ワクワクするようなビジョンを生み出します。「サイエンス」は体系的な分析や評価を通じて、「アート」が生み出したビジョンに裏づけを与えます。そして、「クラフト」は経験や知識をもとに、ビジョンを現実化するための実行力となります。重要なのは、**どれかひとつだけが突出していてもうまく機能しない**ということです。

ところが、現在の日本企業では過度に「サイエンス」と「クラフト」が重視されています。「アート」が言語化できないのに対して、「サイエンス」と「クラフト」は言語化して説明しやすいのです。

しかし、現在のように複雑で変化の激しい時代には、分析的・論理的な判断だけでは舵取りが難しくなっています。**美意識を鍛えて「アート」の部分を強化し、論理では対応できない事態にも対処できるようにすべき**と考えられます。

山口氏が主張するように、現在の日本企業は論理的・分析的に考えるサイエンスとクラフトが重視されています。

ビジネスパーソンの皆さんは、普段から「**論理的思考**」を使うことが多いと思います。論理的思考とは、「**物事を体系的に整理したり、道理にそって筋道を立てて考えること**」をいいます。データ分析に基づき経営戦略を立てたり、効率的な生産計画を策定したりするときに威力を発揮します。

しかし、前項で示したような、「これまでになかった革新的なイノベーション」を創るには不向きと思われます。**これまでにないものは、分析するデータが存在しない**からです。そのため、主観的に自分が興味をもった事象を突き詰めていく方が、イノベーションが生まれやすくなるのです。

本書では、イノベーションの創出に重点をおき、アート思考を、現代アートのアーティストがこれまで世界になかった作品を制作するときの思考と同様に、「**自らの関心・興味に基づき、常識を覆す革新的なコンセプトを創出する思考**」と定義します。

他者起点で解決策を考える「デザイン思考」

一方、日本企業が10年前ぐらいから取り入れるようになった「**デザイン思考**」があります。デザイン思考とは、「**商品やサービスを使うユーザーの視点からビジネス上の課題を見つけ、解決策を考えること**」を指します。

ヒットしている商品やサービスの多くは、顧客の潜在ニーズを見つけ、それに応えています。デザインコンサルタント企業ＩＤＥＯ社を創業した**デイヴィッド・ケリー**（David M. Kelly）が、２００５年にスタンフォード大学の中に、いろいろな学生が集まり、問題解決のプロセスをデザインすることを学ぶ場として、「ハッソ・プラットナー・デザイン研究所」（通称 d. school）を創設しました。

このd.schoolで、現在一般に使われている「デザイン思考」の５つのプロセスが開発されました。

①共感：ユーザーを観察し潜在ニーズを探る
②定義：ユーザーのニーズを定義する
③概念化：解決するアイデアを出す
④プロトタイプを作成する
⑤テストを繰り返し、精度の高い製品にする

デザイン思考では、ユーザーが実際にどのように考え、感じ、行動するかに基づいてアイデアを生み出すことを重視しています。この思考法は、既存のものを顧客のニーズに合わせて大きく改変する手法としては実績がありますが、本書で取り上げる、これまでにない革新的な製品を創るのは難しいのです。ユーザーがこれまでにないものを想起することが難しい点があります。

また、他者起点でアイデアを出す行為は、他の第三者も同じアイデアにたどり着く可能性があり、アイデアの参入障壁が低くなってしまうという指摘もあります。これまでにない革新的な製品を創るには、主観に基づくアート思考がより適していると考えられます。

3つの思考を組み合わせ、アイデアを実現させる

本項では3つの思考法を紹介しましたが、これらは単独で使われるよりも、**革新的なコンセプトを製品化していく過程で、補い合うように使われます。**

例えば、アート思考で革新的なコンセプトを考え出したとしても、製品として必要な要件を挙げるときは、論理的に考える必要があります。初代の製品を出した後、顧客のニーズを踏まえて展開させるときには、デザイン思考を使う必要があります。

次ページ表に3つの思考法の比較を記載しました。それぞれの特徴を理解して使い

※参照
各務太郎『デザイン思考の先を行くもの』クロスメディア・パブリッシング（2018）

図１ ３つの思考法の違い

	アート思考	デザイン思考	論理的思考
起点	・私（自らの興味・関心、自由な発想、感性）	・あなた（顧客・ユーザーなどの潜在ニーズ）	・事実関係・事象
モデル	・アーティストの革新的なコンセプトを創出する思考	・デザイナーの創造的に問題を解決する思考	・科学者の分析的思考
特徴	・既存の価値観・常識を覆し、問題を提起する ・自律的、主観的 ・ホットアプローチ	・顧客・ユーザーのニーズに対して問題を解決する ・他律的 ・ウォームアプローチ	・誰もが納得できる結論を導く ・普遍的、客観的 ・クールアプローチ
必要な要素	・自分モード ・突き詰める力 ・思考を飛躍させる力	・ユーザーモード ・人間中心の視点 ・観察 ・プロトタイプによる試行錯誤	・フレームワーク ・冷静な分析
方法論	・興味／関心 ・リサーチ ・思考の飛躍 ・バックキャスト ・メタファー ・アナロジー	・共感／理解 ・定義／明確化 ・アイデア作り ・プロトタイプ ・テスト	・演繹法／帰納法 ・アンケート調査
得意領域	・革新的なコンセプトの創出 ・未知なるものの創出 ・イノベーション（0 → 1）	・ユーザーにとって有用なものの創出 ・イノベーション（1 → 10, 1 → 100）	・経営計画／生産計画 ・効率化
不得意領域	・イノベーション（1 → 10／1 → 100） ・改善・改良	・未知なるものの創出 ・イノベーション（0 → 1）	・未知なるものの創出 ・フレームワーク外の事象への対応
主な提唱者・機関	・Sylvain Bureau, Pierre Tectin ・Jörg Reckhenrich ・ESCP 経営大学院	・David M. Kelly, Tom Kelly ・Tim Brown ・スタンフォード大学 d.school ・IDEO	—

※参照：森永 泰史『デザイン、アート、イノベーション ―経営学から見たデザイン思考、デザイン・ドリブン・イノベーション、アート思考、デザイン態度―』同文舘出版（2020）

分けるようにしてください。

次項では、これまでにない革新的な製品やサービスを創った事例の中から、主にアート思考が使われたと考えられるものを紹介します。

3

イノベーション創出にみられる「アート思考」――日本企業が起こしたイノベーション事例

最近は、**VUCAの時代**と呼ばれます。不安定で変化が激しく（Volatility）、先が読めず不確実性が高い（Uncertainty）、かつ複雑で（Complexity）曖昧模糊とした（Ambiguity）世の中という意味です。※9

経済や産業の構造的な変化も、そのスピードを増しています。優れたビジネスモデルを作ったとしても、その効力は長続きせず、短期間で優位性が失われることも珍しくありません。このような状況では、自分たちの成功体験や現状に満足せず、常に新しいイノベーションを追求することが必要になります。近年では、ソリューション重視の「How思考」から、混沌とした状況から本質的な課題を探るための「Why思考」へということもいわれます。

「アート思考」という言葉が、2008年ごろに提唱され、以降企業経営の場で話題になることが増えてきたのは、まさにVUCAの時代にイノベーションを起こす

※9　「VUCAワールドを勝ち抜くために経営者は何をするべきか？」
https://mag.executive.itmedia.co.jp/executive/articles/1412/15/news016.html

Why思考として期待されているためだと思います。

しかし、前項で述べたような「アート思考」の定義、「自らの関心・興味に基づき、常識を覆す革新的なコンセプトを創出する思考」は、もっと以前からイノベーション創出に活かされてきました。

本項と次項では、日本あるいは海外の企業によるイノベーションの事例を取り上げ、どのようにアート思考が使われているかを紹介します。

公益社団法人発明協会が、２０１６年に「**戦後日本のイノベーション１００選**」を発表しました[※10]。アンケートの結果や専門家の評価などを加味して、**創造性、歴史的重要性、国際性**の観点から選んだものです。それぞれの事例について、イノベーションが生まれた経緯が記載されており、開発に携わった人たちがどのような思考をしていたかを洞察することができます。

アンケートで得票の多かったトップ10には次のものがあります。それらは、内視鏡（胃カメラ）（１９５２年）、「チキンラーメン」（１９５８年）、マンガ・アニメ（１９６３年『鉄腕アトム』）、新幹線（１９６４年）、トヨタ生産方式（１９６５年）、「ウォークマン」（１９７９年）、「ウォシュレット」（１９８０年）、家庭用ゲーム機・同ソフ

※10　公益社団法人発明協会 戦後日本のイノベーション100選事務局「戦後日本のイノベーション100選」http://koueki.jiii.or.jp/innovation100/

ト（１９８３年）、発光ダイオード（１９９３年）、ハイブリッド車（１９９７年）です。

このうち、内視鏡（胃カメラ）、「チキンラーメン」、マンガ・アニメ、「ウォークマン」、家庭用ゲーム機・同ソフトは、**個人または少人数の興味・関心を起点に開発された、これまでにない革新的な製品**であって、私たちのライフスタイルや文化に大きな影響を与えたものといえます。その開発の過程で、アート思考が主な役割を果たしたと考えられます。

本項では、「チキンラーメン」と「ウォークマン」を例に、詳しくみていきましょう。

☑「アート思考」の事例① チキンラーメンの開発

安藤百福氏は、実業家としていろいろな事業を行なっていましたが、大阪大空襲ですべてを失い、戦後、一からのスタートとなりました。第二次世界大戦後の食糧難を目のあたりにした安藤氏は、「戦後復興を軌道に乗せるには、やはり食が大事だ。食がなければ、衣も住も、芸術も文化もあったものではない」と考えていました。

当時、米国からの援助物資の小麦をパンにして食べる粉食奨励運動が厚生省を中心に行なわれていました。しかし、日本人はまだ、パン食になじみがありません。安藤氏は、麺食の伝統があるのに、なぜ麺を粉食奨励に入れないのか厚生省の担当者に訊ねたところ、麺類の大量生産技術や流通ルートが確立されていない、自分でやってみてはどうかと言われたのでした。

また、安藤氏は、戦後闇市のラーメンの屋台に多くの人が並んでいた光景が忘れられませんでした。安藤氏は日本人が麺類好きであることを改めて実感したと同時に、この行列に大きな需要が隠されていることを確信したのです。

このような状況では、自らラーメン屋を始めて、多くの人においしいラーメンを食べてもらいたいと考えるのが現実的だと思います。しかし、安藤氏は、家庭で簡単に作ることのできる「魔法のラーメン」を開発するという、全く異なるコンセプトを思い描いたのです。

ラーメンを家庭で作ろうとすると、麺を茹でてスープを作る必要があります。スープの素などない時代に、ラーメンのスープを家庭で作るのは簡単なことではありません。そこで安藤氏は、**お湯を注ぐだけで食べられるラーメンという、それまで存在しなかった革新的な商品コンセプト**を考え出しました。

安藤氏は、1957年、即席麺の開発に乗り出しました。開発にあたり、次の5つの目標を定めました。

①おいしくて「また食べてみたい」と思える味
②常温で長期間保存できる（冷蔵庫が普及していなかったため）
③調理に手間がかからない
④値段を安くする
⑤安全で衛生的なものにする

安藤氏は、自宅の裏庭に建てた小屋で、大半の道具・機器類を古道具屋で集めて開発を行ないました。開発で最も難関だったのは、保存性と簡便性を両立させることでした。そうめんのように乾燥させれば保存性は増しますが、お湯を注いだだけでは食べられるようになりません。

最終的に、「**瞬間油熱乾燥法**」の開発に成功し、1958年8月25日、ついに世界初の即席麺が誕生、「チキンラーメン」と名付けられました。

※参照
http://koueki.jiii.or.jp/innovation100/innovation_detail.php?eid=00016&age=topten&page=keii
寺本益英「安藤百福と即席めんの開発」、『商学論究』Vol.47 No.4 p.35-56（2000）
榊原清則『安藤百福　世界的な新産業を創造したイノベーター』PHP 研究所

日清食品《チキンラーメン（1958年のパッケージ）》

このようにして革新的なコンセプトから誕生したインスタントラーメンは、お店のラーメンとは異なる新たなジャンルを切り拓いたのです。

一橋大学名誉教授の伊丹敬之氏は、安藤氏が製麺に関して素人だったことに関して、論理的に考えれば共同開発するところを自力で開発したことは、**妄想に近い発想**と指摘しています。製品コンセプトがきわめてユニークで、従来の常識から大きく飛躍しており、他の人が協力してくれそうもないという理由があったのではないかといいます※11。

安藤氏は、共同開発を行なわなかっ

※11　伊丹敬之『直感で発想 論理で検証 哲学で跳躍：経営の知的思考』東洋経済新報社

たばかりか、チキンラーメンの開発の過程で、食堂などで提供されているラーメン、うどん、そば、家庭で食べられている生麺、乾麺などとの比較は行なわなかったといわれています。つまり、既存の麺の改善・改良ではなく、**全く新しいコンセプトの麺を開発しようとしたため、製麺業の人たちとの共同開発は必要なかった**と考えられます。

自分の興味・関心から革新的なコンセプトを考えたならば、それまで存在しなかった全く新しいイノベーションを創出できることを示した事例です。

「アート思考」の事例② ウォークマンの開発

ソニーのウォークマン®の開発についてのエピソードはいくつかあるようです。「戦後日本のイノベーション100選[※10]」に記載されているものは、当時ソニーの名誉会長であった**井深大**氏のアイデアというものです。

1978年時点で、小型・軽量のテープレコーダーは、モノラルタイプのものしかありませんでした。井深氏は、海外出張のときにステレオ音楽を聴くのが楽しみで、教科書サイズのステレオ録音機を持ち歩いていました。

そのころ、ソニーは手のひらに乗るくらいのモノラルレコーダー「プレスマン」を発売しました。これを知った井深氏は、当時副社長であった**大賀典雄**氏に、**プレスマンを再生専用でよいからステレオにしたものを作ってほしい**と依頼しました。ステレオ仕様の試作機を井深氏は非常に気に入りました。さらに、会長であった**盛田昭夫**氏も気に入り、盛田氏は「この製品は、1日中音楽を楽しんでいたい若者の願いを満たすものだ。音楽を外へ持って出られるんだよ。録音機能はいらない。ヘッドホン付き再生専用機として商品化すれば、売れるはずだ」と発想しました。

盛田氏の個人的な関心・興味が起点となり、「音楽を外へ連れ出して楽しむ」という革新的なコンセプトが生まれたのです。

しかし、録音機能がないことに対し、販売部門を中心に否定的な意見が大半を占めていました。販売部門の担当者が、特約店に説明に行っても、録音機能がないことに疑問をもたれました。

企画書を出して社内で検討するという通常の意思決定を行なっていたら、市場調査でよい結果が得られず、商品化できなかったと考えられます。論理的思考では、このような型破りな商品の開発は難しいのです。

※参照
SONY「SONY History 第6章　理屈をこねる前にやってみよう ＜ウォークマン＞」
https://www.sony.com/ja/SonyInfo/CorporateInfo/History/SonyHistory/2-06.html

ソニー《ウォークマン》　© ソニーグループ株式会社

一方で、製造ラインで働いていた若い社員たちは、この商品の魅力に気づいていたそうです。当時、盛田氏は60歳に近かったのですが、若者の感性を持ち続けていたことがわかります。

ウォークマンは「音楽を外へ連れ出して楽しむ」という革新的なコンセプトの商品です。このコンセプトを広めるために、ソニーの社員がウォークマンをつけて歩行者天国に出かけていき、通りがかりの人たちに試聴してもらうといった草の根活動などを繰り広げました。その結果、若者の間に、新しいライフスタイルとして急速に広まっていきました。

ウォークマンは1979年の初代の発売から13年で、累計販売台数1億台を達成しました。

アート思考によって、これまでにない革新的なコンセプトの商品を創り出し、人々のライフスタイルを変えた事例ということができます。

「論理的思考」重視がもたらした「失われた30年」

以上の2つの事例は、1980年以前に日本企業が起こしたイノベーションです。しかも、日本だけでなく世界で広く受け入れられました。

一方で、日本企業は1990年以降、**「失われた30年」**に陥り、グローバルでの競争力を失ってしまいました。グローバル企業の時価総額ランキングベストテンでみると、1995年には、NTTが2位、トヨタ自動車が8位と日本企業が2社入っていたものの、2005年には、トヨタ自動車1社になり、2015年には、日本企業は圏外となってしまいました。

この状況を、経営学者の野中郁次郎氏は次のように分析しています。

高度経済成長期、イノベーションが起きていた時代は、経験や暗黙知をベースとした企業経営が行なわれていたものの、その後、欧米の経営手法を取り入れるようになります。これが行きすぎ、**論理分析過多（オーバーアナリシス）**、**経営計画過多（オーバープランニング）**、**コンプライアンス過多（オーバーコンプライアンス）**になってしまい、創造力や活力が失われたのです。[※12]

論理的思考が重視されすぎた結果、革新的なコンセプトを創出する力が減退してしまったと考えられます。

※12　野中郁次郎、山口一郎『直観の経営「共感の哲学」で読み解く動態経営論』KADOKAWA p.352（電子版）（2019）

4 イノベーション創出にみられる「アート思考」——米国企業の事例

米国においては、日本が失われた30年に陥った1990年以降も、GAFAなどのIT企業をはじめ、多くの企業がイノベーションを創出し続けています。

次に、米国企業のイノベーションについてみてみましょう。

「アート思考」の事例③ グーグルの検索エンジン

グーグルの創業者、**セルゲイ・ブリン**（Sergey Mikhailovich Brin）と**ラリー・ページ**（Larry Page）は、1990年代半ば、スタンフォード大学の学生でした。ブリンはデータマイニングの研究を、ペイジは電子図書館プロジェクトの研究をしていました。

このとき、当時、米国の代表的なコンピュータ企業だったデジタル・イクイップメント・コーポレーション（DEC）から画期的な検索エンジン「アルタビスタ」が発売されました。この検索エンジンは、インターネット上でウェブページの全文検索を行なうという新しいタイプのものです。ペイジがアルタビスタで検索してみると、検索結果に、一見何のことなのかよくわからない「リンク」がついていることに気がつきました。

アカデミアの世界では、新しいコンセプトを提示した論文ほど、他の多くの論文から引用され、重要度が高いと判断されます。

ペイジは、ウェブサイトも、他の多くのサイトからリンクを貼られているかどうかで、サイトの重要性を測定できるのではと考えつきました。検索した情報そのものではなく**「情報に関する情報（メタ情報）」**に着目したことで、これまでにない画期的な検索エンジンを開発することができたのです。

ペイジとブリンが考え出したコンセプトは、検索サイトを創ることをはるかに超えていました。多くの支持を集めているものが重要という、人間の感覚に即したコンセプトを検索エンジンの中に取り組むことで、人間の脳によく似た情報の選び方をするようになったのです。

彼らが抱いている究極のコンセプトは、**「質問が頭に浮かんだ瞬間に、答えを渡せ**

※参照
ウイリアム・ダガン『戦略は直観に従う ―イノベーションの偉人に学ぶ発想の法則』東洋経済新報社（2010）
高野研一『超ロジカル思考――「ひらめき力」を引き出す発想トレーニング』日本経済新聞出版社（2015）
榎本幹朗「Google 誕生と、世界を変える三つの条件～ iPhone 誕生物語（3）」
https://news.yahoo.co.jp/byline/enomotomikiro/20180128-00080972

るのがグーグルの理想だ。人間と同じくらい賢くなる必要がある」というものです。

アルタビスタの検索結果に興味をもち、論文のランクの仕組みと組み合わせて考えることで思考を飛躍させて、人間の脳と同じように機能する検索エンジンという革新的なコンセプトを創出したところに「アート思考」をみることができます。

ペイジとブリンが、作成した検索エンジンの試作品をスタンフォード大学内で使用してみたところ、非常に評判になり特許を申請しました。しかし、当初彼らは自ら検索ビジネスを行なうことは考えておらず、アルタビスタやヤフー、エキサイトなどに、自分たちが作った検索エンジンの特許を売ろうとしました。当時は、検索は事業として注目されておらず、誰も特許を買ってくれませんでした。

1998年8月、サン・マイクロシステムズの共同創業者でシスコシステムズの副社長であるアンディ・ベクトルシャイムが出資してくれたことで、2人は休学を決意、自ら事業を始めることにしたのです。

いまやグーグルは、世界検索エンジン市場シェア率は91・88%と圧倒的になっています（2022年6月時点）[※13]。個人の興味を起点とした革新的コンセプトからできたサービスが、私たちの生活になくてはならないものにまで広まった事例です。

※13 「【2023版】トップ検索エンジン市場シェア」
https://kinsta.com/jp/search-engine-market-share/

アート思考の事例④ ３Ｄプリンターの開発

３Ｄプリンターのコンセプトを最初に提唱したのは、日本の**小玉秀男**氏です。１９７７年に名古屋市工業研究所に入所、企画課で名古屋市の中小企業のための展示会を企画していました。

ある展示会で、ヒューレッドパッカード社が世界初の３Ｄ ＣＡＤシステムを発表していました。コンピュータで３次元の形の設計ができるのですが、プリンターが２次元のプロッターで、出力した図面は相変わらず２次元でした。このときから、３次元で出力できたらいいと考えていました。

２年後、印刷機の展示会に訪れたときのこと。新聞の版下作成装置の展示を見ると、新聞紙大のガラス板の下に紫外線ランプが並んでいます。ガラスの上に液体を入れ、その上に新聞紙面のネガフィルム、さらに紫外線ランプのついた蓋を被せます。ランプをつけると、文字のところだけ液体が固まり、インクを乗せれば紙面が印刷できるようになります。

小玉氏は展示会から帰るバスの中で、ふと、**この版下の上にさらに積層していけば、**

３次元の出力ができるのではと思いつき、３Ｄプリンターのコンセプトを創り上げました。

新聞の版下作成装置を見たことのある人は一定数いると思いますが、そこから３Ｄプリンターのコンセプトへと思考を飛躍できる人は非常に少ないでしょう。

小玉氏は、自分がコンセプトを考えられた要因として２つのことを挙げています。ひとつは、**問題意識をもち続ける**ことです。３Ｄ ＣＡＤシステムを見て以来、３Ｄで出力することを考え続け、研究ノートに記録し、ときどき読み直して、また考えるということをしていました。

もうひとつは、新聞の版下作成という**一見関係ないような事象についても、振り返る**ということです。小玉氏は、新聞の版下作成の工程から、紫外線で硬化する樹脂があることに気づき、照射時間を調節することで、硬化する厚みを制御できるという点に着目し、３Ｄプリンターにつなげることができました。

問題意識をもち続けるということ、他のことと組み合わせて考えるということは、アーティストが日々行なっていることでもあり、「アート思考」の根幹ということができます。次章で詳しく紹介していきます。

小玉氏は、3Dプリンターについての特許を出願したものの、取得することができませんでした。実際に実用化したのは、**3D Systems社**の共同創業者、**チャールズ・ハル**（Charles W. Hull）でした。

ハルは1980年にUltra Violet Products（UVP）社に入社しました。この会社は、工業用の光硬化性樹脂を硬化させる紫外線発光装置を製造していました。ところが、装置の部品の設計図を作っても、プラスチック製のプロトタイプを入手するまでに非常に時間がかかるという課題がありました。プロトタイプができるまでに2カ月かかることもあったのです。しかも、できてきたプロトタイプは、たいてい間違っていました。

一方で、テーブルの上に樹脂を塗り硬化させる作業をしている中で、**コーティングを薄いプラスチック片と見て、これを積み重ねることで固体形状を作ることができれば、すぐにプロトタイプを作ることができるのでは**と思考を飛躍させました。これは、小玉氏とよく似た発想の経路をたどっています。

ハルは、3Dステレオリソグラフィーを開発しました。しかし、UVP社は事業化

Stuart NathanTen minutes with the inventor of 3D printing, THE ENGINEER
https://www.theengineer.co.uk/content/in-depth/ten-minutes-with-the-inventor-of-3d-printing/

しないという方針をとったため、１９８６年、3D Systems 社を創設しました。

現在では、素材についても造形方法についても多種多様な３Ｄプリンターが開発されています。その基本となるコンセプトは、両氏が立体で表現できないかという興味を起点に、思考を飛躍させて考えたものだったのです。

アート思考の事例⑤ ソーシャルネットワークサービス（ＳＮＳ）の開設

現在使われているＳＮＳの基本的なスタイルを取り入れ、多くのユーザーを獲得した最初の事例は、２００２年に開設された **Friendster** といわれています。

Friendster を創ったのは**ジョナサン・エイブラムス**（Jonathan Abrams）です。エイブラムスは、カナダの Nortel 社で働いた後、Netscape 社に移り、シリコンバレーで働くことになりました。カナダからシリコンバレーに引っ越したとき、誰も知り合いがいませんでした。そこで、多くのイベントに参加してネットワークを構築しなければなりませんでした。**もっと簡単にネットワークを構築することができないか**、というのがエイブラムスの課題となったのです。

一方、当時のインターネットでさまざまなサービスを使うとき、人々は匿名か仮名

※参照
小玉秀男「3D プリンタの発明経緯と普及の背景」、『パテント』Vol.67 No.13 p.109-118（2014）

を使っていました。現実の生活とネット上の活動には大きな距離があったのです。

エイブラムスは、ネットワークを作る大変さとインターネットの状況を結びつけ、**オンラインで実生活を反映させることができたらどうなるだろうかと発想**しました。友人、同僚、隣人、家族など、実生活で知っている人たちの社会的背景を、オンラインの世界で反映させることができたら、いちいちイベントに行ってネットワークを作る必要もなくなり、エキサイティングなことが起こるのではないか。

エイブラムスは自分でコーディングを行ない、プロトタイプを作成。**実名と写真を登録し、実際の知人をネットワークに加えるという、後にＳＮＳの基本となる革新的なコンセプトを提示しました。**


引っ越しをして新たなネットワークを作るのに苦労するのは、多くの人が経験していると思います。しかし、そこからオンラインでネットワークを作ろうという発想はなかなか出てきません。エイブラムスは、ネットワーキングの課題を考え続け、自分の得意とするインターネットの世界をよく観察したことで、思考を飛躍することができたと考えられます。

エイブラムスは、２００２年3月にソーシャルネットワークサービス Friendster を立ち上げました。

まず一緒に遊んでいて楽しいと思う友達を招待しました。招待された友達がその友達を招待するといったように、雪だるま式に参加者が広がっていきました。招待状に応えない人もいました。しかし、すぐに別の人たちからの招待状が届き、そのどれもが実際に知っている人からなのです。それでネットワークに参加してみると、とても魅力的に感じ、自分も他の人を招待するようになります。

このようにして、開設から数カ月で３００万人を超えるユーザーを獲得しました。この画期的なスタートにより、ソーシャルネットワーキングのコンセプトが全米で受け入れられるようになりました。

Friendster はまた、ＳＮＳを運用するうえで必要となる多数の特許を取得していたことも特徴でした。Facebook をはじめいくつかのＳＮＳも、Friendster から特許を取得しています。

先駆けとしての存在だった Friendster ですが、ページの読み込みに時間がかかるといった課題もあり、２０１１年にサービスを終了しました。しかし、エイブラムス

※参照
Interview with Jonathan Abram: The man who rejected a $30m sale of Freindster to Google
https://www.netimperative.com/2021/01/25/interview-with-jonathan-abram-the-man-who-rejected-a-30m-sale-of-freindster-to-google/

が発想したコンセプトは、Facebook などのSNSに引き継がれました。

革新的なコンセプトを生み出す「アート思考」

以上、5つのケースをみてきました。

いずれも、自らの興味・関心を起点に、これまでにない革新的なコンセプトを考え出し、製品やサービスを創出していました。「戦後日本のイノベーション100選」のトップ10をみても、半数はこのようなタイプのイノベーションでした。

高度成長期から1980年代までは、日本企業も、革新的なコンセプトのイノベーションを創ることができていました。しかし、1990年以降、論理的思考が重視され、アート思考で発想することができなくなってしまったのです。

私は、日本企業が再びアート思考で発想し、革新的なコンセプトのイノベーションを起こすことができるようになるには、現代アートのアーティストたちの思考や行動に着目するのが有効だと考えています。**現代アーティストが作品を制作するときに、自らの関心・興味を起点に革新的なコンセプトを考え出しているから**です。

次章では、現代アートとはどういうものか、現代アーティストが作品を制作する際にどのような思考で発想しているか、どのような力を発揮してコンセプトを実現させているかをみていきましょう。

革新的なコンセプトを考え、実現させるアーティストの3つの力

第2章

1

そもそも現代アートとは何か？
——ざっくり振り返るアートの歴史

　ここまで、「アート思考」とは、現代アートのアーティストが作品を制作する際に発揮する思考、すなわち「自分の興味・関心を起点として、革新的なコンセプトを創出する思考」だと紹介しました。

　しかし、多くのビジネスパーソンの場合、印象派のモネなどは作品を頭に思い浮かべることができるけれど、現代アートはどういうものかよくわからないという声をよく耳にします。

　そこで、本章の初めに、アートの歴史を大まかに振り返り、現代アートとは何かを明らかにしていこうと思います。

19世紀までのアート：目で見て美しいもの

アートというと、皆さんはどのような作品を思い浮かべるでしょうか。**レオナルド・ダ・ヴィンチ**（1452-1519）の《**モナ・リザ**》をあげる人は非常に多いと思います。ダ・ヴィンチは現実世界をリアルに描くことに注力し、遠近法が開発されました。

この時代、ダ・ヴィンチをはじめ、多くの巨匠が登場し、自己の芸術世界を創造しようとしました。これ以降、オリジナリティが重要になっていきます。

次に皆さんに馴染みのあるアートは、印象派になると思います。印象派は、１８６０年代半ばにフランスで始まった芸術運動です。**クロード・モネ**（1840-1926）、**ピエール＝オーギュスト・ルノワール**（1841-1919）、**アルフレッド・シスレー**（1839-1899）、**フレデリック・バジール**（1841-1870）の４人の画家が同じアカデミーで出会ったことがきっかけで始まりました。

彼らは、風景や人々の生活に目を向けた絵を戸外で描くようになり、「**自分の眼に映った光景を、鮮明に描く**」ことをテーマとしました。手法としては、絵の具を混ぜるのではなく、異なる色を並置する「筆触分割」を用いたのが特徴です。

印象派が生まれた背景には、写真の普及により、肖像画という「記録としての絵画」

※参照
高階秀爾（監修）『増補新装 カラー版 西洋美術史』美術出版社（2002）

レオナルド・ダ・ヴィンチ《モナ・リザ》ルーヴル美術館
(1503-1505頃)

クロード・モネ《散歩、日傘をさす女性》ナショナル・ギャラリー（1875）

の需要が減少し、画家の存在意義が問われるようになったことがあります。また、鉄道が整備され、郊外に気軽に出かけることができるようになったことも大きかったのです。さらに、チューブ入りの絵の具が開発され、アトリエから出て、屋外で刻々と変化する自然の様子を描くことが可能になりました。

産業や社会の変化に、アーティストたちも影響を受け、新しい手法やテーマを創出してきたことがわかります。

印象派のアーティストが活躍していたときに登場したのが、**パブロ・ピカソ**（1881-1973）です。ピカソは、印象派からさらにアートを進化させ、「現代アート」へと近づけました。ピカソの代表作《アビニョンの娘たち》は、それまでの絵画とは全く異なる様相を示しています。**ルネサンス以来、アートの常識であった遠近法に疑問を呈した**のです。

私たちは1つの位置からものを見ているときも、他のさまざまな情報を取り込んで、脳内で再構成しています。例えば、今、私はノートパソコンのディスプレイを見て原稿を書いていますが、ディスプレイの裏側（天板の部分）がどのような形状や色をしているか、中央に入っているメーカーのロゴなども、見えていなくても認識して

※参照
「印象派とは？　印象派絵画を３つのポイントから読み解く！」https://zeroart.jp/archives/3121
「ピカソは何を描いた人？　『20世紀最大の画家』と呼ばれる理由」https://business.nikkei.com/atcl/plus/00041/062800001/?P=4

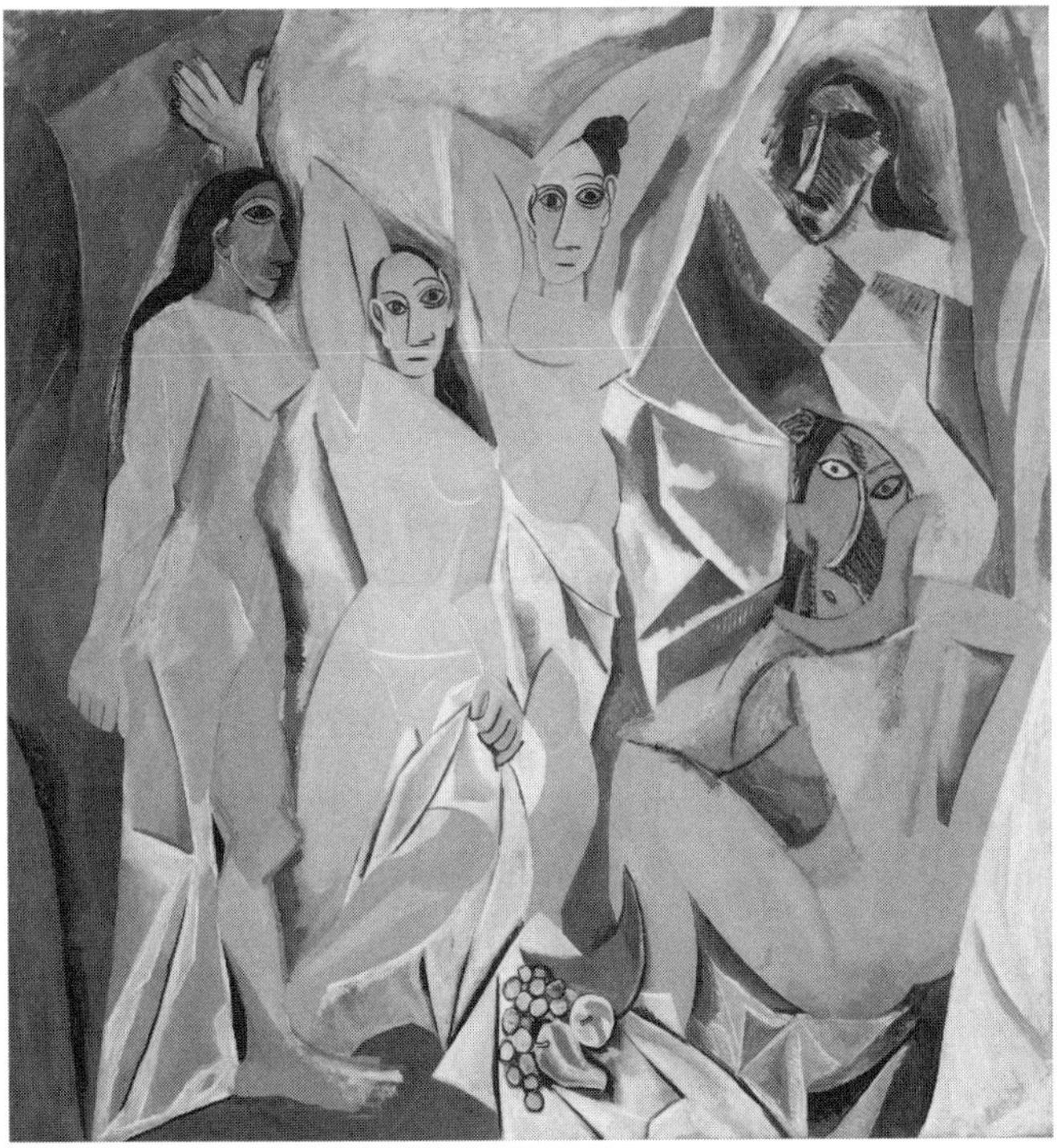

パブロ・ピカソ《アビニョンの娘たち》ニューヨーク近代美術館（1907）

います。

ピカソは、**「多視点から認識したものを一つの画面に再構成する」ことが、より世界をリアルに描くことができる**と考えました。しかし、多視点から認識したものを一つの画面に描くとなると、鑑賞者にとっては、わかりにくいものになります。その絵がどういう状況で描かれたものなのかを、鑑賞者が考える必要が出てきたのです。逆にいうと、鑑賞者が考え解釈する自由度が高くなったということです。

そして20世紀、現代アートが登場します。**アート＝目で見て美しいものという根本的な常識を打ち破り、アートを「思考」の領域に移す**ことになります。

☑ 美しい芸術から脱却し芸術とは何かを問いかけた、デュシャン《泉》

1917年4月、ニューヨークの独立美術協会による第一回展覧会に、奇妙な作品《泉》が持ち込まれました。磁器の男性用便器を横にしただけのもので、「R. MUTT」というサインが入っています。

この作品は、協会の設立メンバーであった**マルセル・デュシャン**（1887-1968）が提出したものでした。本来、入会費を払った人が提出した作品はすべて受け付けるという会則でしたが、誰もデュシャンの提出した作品だとは気づかず、「《泉》が置かれる場所は美術展会場ではなく、美術作品とはいえない」と発表し、展示されることはありませんでした。

デュシャンは、**アート界で長い期間、続いていた既成概念に疑問を呈する**ためにこの作品を提示しました。その既成概念とは、「アートは目で見て美しいことに価値がある」「アーティストが自分で描いてこそ価値がある」というものでした。そのため、あえて美から最も遠いと思われる便器を作品としたのです。

また、便器は工業製品として大量に作られているものです。デュシャンは、**アートは必ずしもアーティストによって作られる必要はなく、斬新なアイデアを提起することこそ価値がある**と主張しました。

デュシャンのこの行為は、「**そもそも芸術とは何か**」という根本的な問いを投げかけ、**美しいということよりも、コンセプトが尊重される現代アート**を生み出しました。

こうしてデュシャンは「現代アートの父」と呼ばれるようになりました。

また、作品の鑑賞者も、作品に込められているコンセプトについて考えることが必

※参照
スージー・ホッジ（著）, 清水玲奈（翻訳）『世界をゆるがしたアート クールベからバンクシーまで、タブーを打ち破った挑戦者たち』青幻舎（2022）
末永幸歩『「自分だけの答え」が見つかる 13歳からのアート思考』ダイヤモンド社（2020）

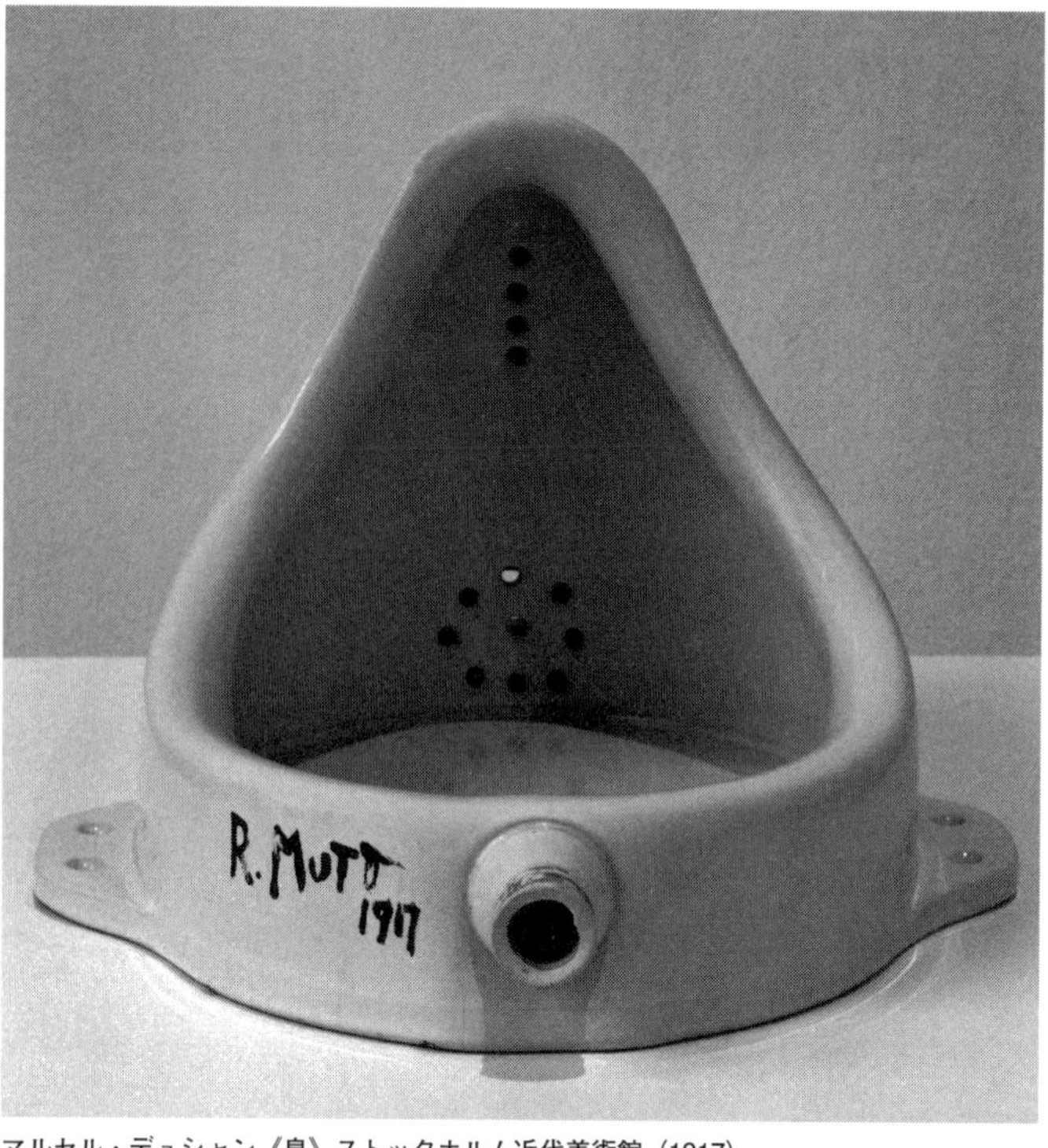

マルセル・デュシャン《泉》ストックホルム近代美術館（1917）

提供：アフロ

要になります。デュシャンは以下のように語っています。

「**作品を起点として鑑賞者が思考をめぐらし、そして鑑賞者の中で完成される**」

つまり、鑑賞者の思考の中で創造的行為が行なわれることで、作品が最終的に完成するということです。

「フォーマット化」を彫刻で表現する、名和晃平《PixCell》

次に、現代に生きるアーティストのコンセプト創出の事例について紹介します。彫刻家の**名和晃平**氏（1975-）に《PixCell》という作品があります。動物の剥製を大小さまざまな大きさのクリスタルビーズで隙間なく覆う作品です。

剥製は全体がビーズで覆われると、表面が無数のセルに分割されます。セルがレンズの役割をして、剥製の表皮が拡大されたり、歪曲して見えたりします。大型のシカやライオンの剥製で制作された《PixCell》は、とても迫力のある美しい作品です。

彫刻というと、木や石を彫った固いイメージがありますが、この作品は動物の剥製を使っているため、しなやかさや躍動感をもっています。

※参照
「現代アートとは？　アートの歴史から見る現代美術の楽しみ方」https://media.thisisgallery.com/20220290）

名和晃平《PixCell-Deer#60》（2019）mixed media
Photo: Nobutada OMOTE　Sandwich

《PixCell》には、現代の社会事象から発想されたコンセプトがあります。名和氏は、この作品を制作するために、動物の剥製をオークションサイトなどインターネットを使ってランダムに購入しています。剥製の表面全体にビーズを貼り付けるのは、**すべての剥製の表面を同じ質感に置き換える（フォーマット化）**という意味があります。

剥製の見どころは表面の毛皮にありますが、この作品では毛皮はビーズを通してしか見えなくなり、実際に触ることはできません。見る角度によってビーズごとに表面の像が揺らぐことから、映像の細胞（セル）という意味で「ピクセル（PixCell）」と名前をつけました。

名和氏は、２０００年ごろから《PixCell》シリーズの制作を始めました。インターネットが活用されるようになり、「ヒトゲノム計画」やクローン羊のドリーの誕生といった、生命現象を情報として捉えられるようになった時代でした。**個性のある生物も、インターネットを介して画面上で見るとフォーマット化され均質に見えてしまう**。生命を情報として扱うことの意義を問いかけています。

名和氏は、２０２２年の展覧会で以下のように語っています。

※参照
森山緑「剥製美術（2）：名和晃平《PixCell》シリーズをめぐる一考察」、『慶應義塾大学アートセンター年報／研究紀要』Vol.27（2019/20）,p.134- 144
「連載 編集長対談 2：名和晃平（前編）」https://www.art-it.asia/u/admin_columns/iiqb0z7hjqpyn62krslg

〝宇宙のなかに生命がどうやって生まれて、どこに行くのか。本当に偶然に生まれただけなのか。この宇宙に有機的な物質が生まれて呼吸を始めたという奇跡が起き、その呼吸が一度も止まらなかったことで、植物や微生物、動物を含めた生命圏、生態系が現在まで続いている。薄っぺらい成層圏の中でまだふつふつとそれぞれが呼吸している状態。そして、**この呼吸を止めないためにどうしたらいいかということは、社会全体の課題だと思います。**[※14]〟

名和氏の事例でおわかりのように、現代アーティストは、**最新の科学技術や社会動向を敏感に察知し、これからの社会を洞察する中で、問いを立てたり新しいコンセプトを考え出したりしています。**この一連の行為や考え方が「現代アート」と呼ばれるものです。

イノベーションを起こす思考との共通点

「現代アート」に至るまでのアートの歴史を駆け足でみてきましたが、「現代アート」とは何かを整理しておきましょう。

※14 「『名和晃平 生成する表皮』展を作家のコメントとともに最速レポート！ 最新作《Biomatrix（W）》を十和田市現代美術館で初公開」https://www.tokyoartbeat.com/articles/-/nawa-kohei-towada-2022-06-17を参照

「現代アート」についての定義はさまざまにありますが、ひとつに「**現代社会の情勢や問題を反映し、美術史や社会への批評性を感じさせる作品のこと**」といわれています。現代アーティストは、作品に込めた問いや考え方を通して、社会事象について多くの人が常識と思っていることを覆すような新しいコンセプトを提示します。

この新しいコンセプトというものは、アート作品の制作に限らず、実用的な製品やサービスを創造するときにも必要となるもので、イノベーションの「設計思想」に通じるものがあります。革新的で斬新なコンセプトを考えるアーティストの思考、「アート思考」は、産業界においてイノベーションを起こすときの思考とよく似ていることをご理解いただけたのではないかと思います。

次項からは、私たちビジネスパーソンが現代アーティストから学ぶことのできる3つの力、「**思考の飛躍**」「**突破力**」「**共感力**」について詳しくみていきましょう。

2

アーティストが発揮する3つの力

前項で現代アートまでの大まかな歴史をみてきました。

アートは常に変化しています。それは、アーティストたちが、常にオリジナルな作品を創ろうと感性を研ぎ澄ましているからです。新しいテクノロジーが出てきたら、すぐに取り入れたり、誰も気がつかないような小さな社会の変化だけれど、いずれ大きなうねりになりそうなことに目を向けたりということをして、革新的なコンセプトを考え出そうとしています。

革新的なコンセプトを頭の中に思い描いたとしても、それを作品として結実させなければ、世に問うことができません。コンセプトが革新的であればあるほど、作品として実現するのは難しくなるでしょう。これまでにないことを表現しなければならないのですから。そんなとき、彼らはどのように実現させているのでしょうか。

現代アートは、鑑賞者が作品を観て、自分も考えることで作品が完成するものと紹介しました。多くの人が作品を観て考えることで、賛同意見も出れば反対意見も出る、そうなったとき、**鑑賞者が作品に共感を覚えた**ということができます。アーティストたちは、どのようにして、多くの人の共感を得る作品を制作しているのでしょうか。

作品を制作する際に、アーティストが発揮するこれらの力は、ビジネスパーソンがイノベーションのコンセプトを考え、製品やサービスとして形にする、そして、ライフスタイルや文化に影響を与えるようなものにしていくときに必要な力と共通しています。

本書では、アーティストが作品を制作する際に発揮する３つの力として取り上げます。

①**思考の飛躍**：自らの興味・関心から、これまでにない革新的なコンセプトを考え出すには、ひらめきやセレンディピティ（偶然の発見）が起こることが重要です。私がヒアリングしたアーティストたちは、**興味をもった事象について丹念にリサーチし考えていると、思考が飛躍する**ことがあると言います。リサーチで新しい情報による刺激を受け、それまでの自分の経験と組み合わせることで、シュンペーターのいう新結

合が起きていると思われます。

②突破力：アーティストは、この作品は創る価値があると決めたならば、**なんとしても実現しようと知恵をしぼります**。いかに革新的なコンセプトであるかを説明して資金を調達し、異分野の科学者などとも交流して、必要な情報を獲得します。その行為は、アントレプレナーと非常によく似ています。

③共感力：アートの歴史で紹介しましたが、現代アートは、美しいということよりも、問いを投げかけ、鑑賞者が考えることに価値があります。**それまで鑑賞者が見逃していたことに気づかせてくれたり、思ってもみなかった考えに出会ったりしたとき**に、作品やアーティストへの共感が湧いてきます。作品を通じて人々の心を動かすところに、アーティストの共感力をみることができます。

次項以降で、具体的な作品を紹介しながら、この3つの力を詳しく説明していきます。

3

「思考の飛躍」――思考を飛躍させ常識を超える

香川県の粟島に、「**漂流郵便局**」と呼ばれる郵便局があります。ここには届けたくても届けられない手紙が世界中から届きます。亡くなってしまった大切な人、未来に出会うであろう子ども、大切にしていたものなど、あらゆる人やものへ宛てた手紙が集まり、漂流私書箱に保管されています。

この郵便局は、２０１３年に瀬戸内国際芸術祭のためにアーティストの**久保田沙耶**氏（1987-）が制作した「現代アート」作品です。

久保田氏はなぜこのような作品を制作したのでしょうか？

粟島で作品制作をすることが決まり島を訪れたとき、久保田氏は漂流物が非常に多いことに気がつきました。潮流の関係で、漂流物が堆積しやすい場所なのです。島を歩いていると、たまたま旧粟島郵便局を見つけました。当時は郵便局としては使われておらず、倉庫になっていました。鍵がかかっておらず、中に入ると、窓口のガラスに自分の姿が映っていました。自分も漂流物のように、この島に流れ着いたように感じたといいます。

さらに、毎日波打ち際を歩いていると、興味をもってリサーチしていた伊能忠敬を思い出しました。波打ち際の道を測量して制作した「大日本沿海《えんかい》輿地《よち》全図」。地図は、だれにも属さない情報体であるのに、使い方によっては自分だけのものになります。そんなことを考えていると、「思考の飛躍」が起きました。

〝だれのものでもあってだれのものでもなく、場所も時間さえもゆらいでいる漂流物のような手紙を受け付ける郵便局はできないだろうか。〟

このようにして、旧粟島郵便局が「漂流郵便局」として生まれ変わったのです。

１カ月の芸術祭期間中に４００通の手紙が集まり、届くあてのない手紙を書く人がこんなにもいるんだと、芸術祭が終わっても継続することにしました。２０２０年時点で総計４万通の手紙が届き、郵便局の床が抜けてしまったこともあったそうです。

久保田沙耶《漂流郵便局》(2013)
Photo：YOSHINOBU MOTODA

届けたくても届くことのない手紙を書いて、実際に切手を貼って投函する行為が、なんらかの変化をもたらすのではと久保田さんは考えています。届くあてのない手紙を投函する人がいるかぎり、漂流郵便局は漂流し続けます。

論理的思考を超えるアーティストの思考

古い郵便局のガラスに映った自分の姿と、波打ち際を歩いていて伊能忠敬を思い出したことから、このような郵便局を発想してしまうところが常識を超えています。さらに驚かされるのは、ものすごい数の手紙が届いたことです。多くの人の心に響いた作品だったのです。

たとえ粟島の海辺を観察しデータを集めて分析したとしても、そう簡単に漂流郵便局を考え出すことはできません。リサーチした内容に加えて、それまでの経験と、島に身を置き五感で感じ取ったことを融合して初めて、**論理的思考を超えた革新的なコンセプト**を考え出すことができるのです。これを現代アーティストの「**思考の飛躍**」といいます。

※参照
久保田沙耶『漂流郵便局：届け先のわからない手紙、預かります』小学館（2015）
久保田沙耶『漂流郵便局 お母さんへ：届け先のわからない手紙、預かります』小学館（2020）
「亡くなった息子へ70通―宛先のない手紙を預かる『漂流郵便局』に人が便りを送る理由」
https://wotopi.jp/archives/18106

古い郵便局、漂流物の流れ着く島、そして地図を結びつけ思考を飛躍させることで、革新的なコンセプトを考え出すことができます。

そして、特にニーズを調べることをしなくても、多くの人から共感を得て、世界中から手紙が届けられるようになったのです。

4

「突破力」──困難はインテリジェンスで突破する

画期的なコンセプトを思いついたとしても、ビジネスでそれを実現させるのは、そう簡単ではありません。

まず、社内の会議を通すところに大きなハードルがあります。企画が通ったとしても、マイルストーンが設定されて、達成できないと中止や中断になることもよくあります。実現させるためには「**突破力**」が必要になるのです。

アーティストにとっても、作品を制作する中で多くのハードルが出てきます。しかし、ビジネスパーソンと違うのは、はるかに高い「突破力」をもっていることです。「個」として活躍しているアーティストは、作品を制作し、世の中に認めてもらわないかぎり実績は残りません。アーティストになると決めた時点で強い覚悟をもち、否応なく「突破力」を身につけていくと考えられます。

強い意志と情熱で実現させる「突破力」

「突破力」の例として、現代アーティストの**篠田太郎**氏（1964-2022）の取り組みをみてみましょう。

篠田氏は、２００７年から映像作品プロジェクト**《月面反射通信技術》**を始めました。絨毯の芯を用いた手作りの望遠鏡を世界各地に持ち込み、月を撮影するというものです。世界のどこで観ても、月の姿は同じですが、昇ってくる角度が違うことを実際に確かめたのです。

バズーカ砲のような大きな望遠鏡を担いで、ビルの屋上などで撮影している姿は、テロリストそのもの。撮影するだけでもスリリングです。

この「現代アート」作品をアラブ首長国連邦（ＵＡＥ）の王族が気に入り、現地で上映する機会がありました。せっかくＵＡＥで上映できるということで、篠田氏は砂漠で上映パフォーマンスをすることを提案。砂漠の真ん中に巨大なスクリーンを設置して、映像上映とともに、フランスのミュージシャンが演奏しました。

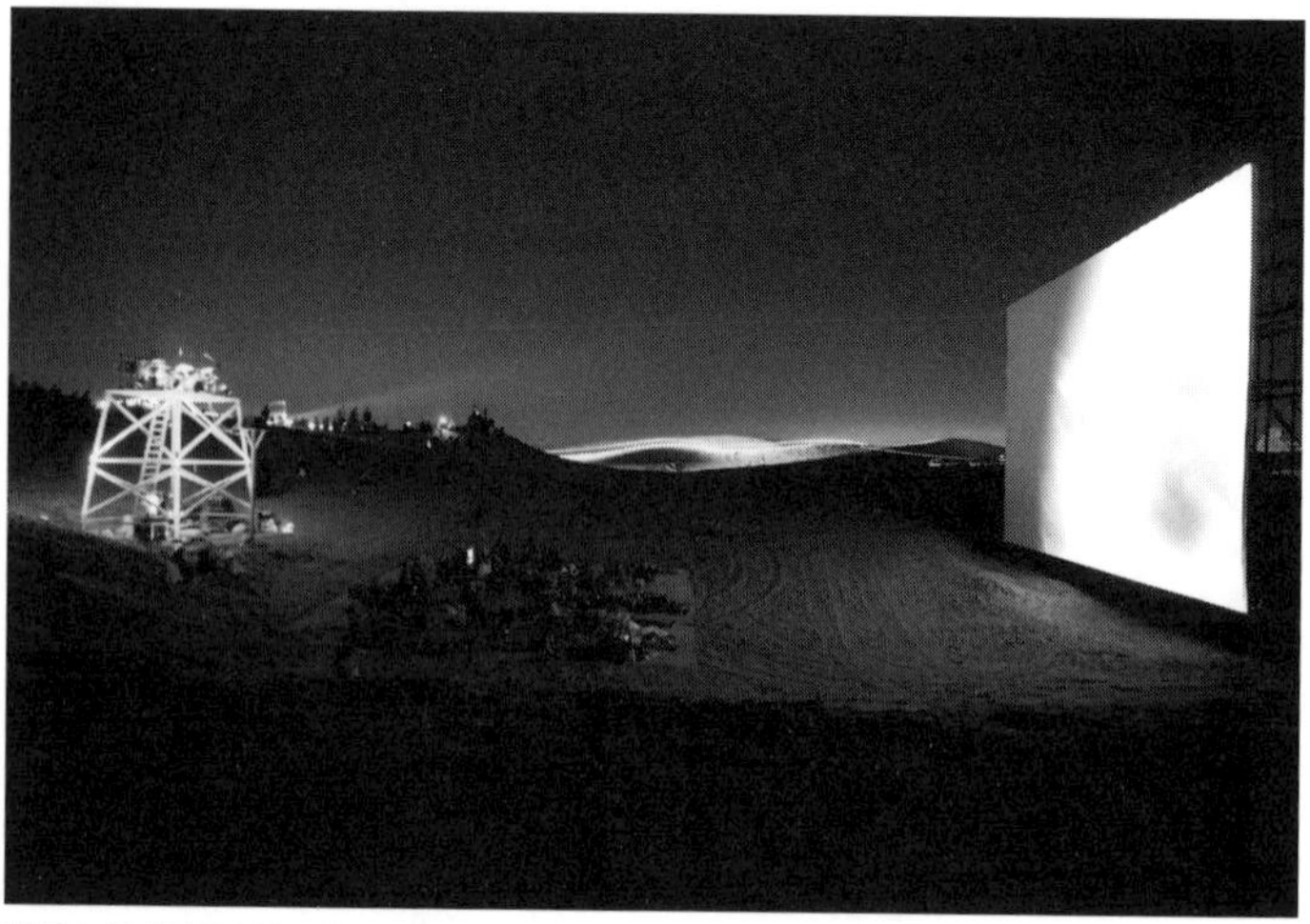

篠田太郎《月面反射通信技術パフォーマンス》シャルジャ（2016）
Image courtesy of Sharjah Art Foundation

砂漠の真ん中なので、設備も何もありません。発電機を持ち込み、騒音が出るため会場から遠くに置き、長い電線で結びました。料理はケータリングを呼び、観客は大型ＳＵＶ（多目的スポーツ車）をチャーターして輸送しました。

王族が費用を出してくれたとしても、個人で企画するには気が遠くなるプロジェクトです。その前に立ちはだかる小さなハードルから大きなハードルまで、次々と強い「突破力」を発揮して乗り越え、成功に導きました。

篠田氏が大切にしていたのが、やはりコンセプトです。１つのコンセプトを思いついてもすぐに制作に入るのではなく、それが**10年後も価値が続くかどうか**を考えます。考え抜いたプロジェクトであれば、たいていの場合、解決策を見つけることは可能だといいます。

篠田氏がこのプロジェクトを含め、最近のテーマに掲げていたのが「**人類がインテリジェンス（知性）を獲得する**」ことです。篠田氏のいう**インテリジェンスとは、大きな視座で世界がよくなる方向を考える**ことだそうです。人類がより高次の知性を獲得すれば、自然を破壊することなくその力を利用できるようになり、「戦争がなく、貧富の差もなく、国境もなく相手を尊重するような社会になる」。そうしたことを実現する力が「人類が目指すべき知性」だと説明しています。

2020年に開催された「さいたま国際芸術祭2020」で篠田氏が制作した**《ニセンニジュウネン》**も、私たちの知性を問う「現代アート」作品でした。新しい区役所ができ移転した後の、旧大宮区役所が会場でした。

篠田氏の作品は、福祉課、高齢介護課、支援課、児童福祉課のあるフロアで、事務机が置かれた部屋の天井から、途切れることなく砂が降り注いでいます。ところどころ砂の山ができていて机を覆い尽くしています。いずれ、この部屋は砂に埋もれる運命にあることを暗示しています。

篠田氏は、高齢介護や児童福祉などは、高度成長期以降に課題として顕在化し、役所に新たな部署が作られたものであり、地域のコミュニティがきちんと機能していれば必要ない部署のはずだというコンセプトで、フロアを砂で埋め尽くすことを考え出しました。

大量の砂を運び込み、常に少しずつ降らせるようにするには、ハードルも多かったと思います。しかし、今後の人類のために必要な作品と考え、主催者に作品のコンセプトや、市役所という場所で作品を展示することの意義を訴え、実現させていきまし

篠田太郎《ニセンニジュウネン》（2020）

た。

ある経営コンサルタントの方と、ビジネスパーソンが企画を通すことについて議論をしたことがあります。彼は、どの企業でも、ほとんど努力せずに、ちょっとNGが出ただけで引っ込めてしまうことが多いと話していました。

特に**新規事業の場合、その企画が自社に優位性があって、確実に利益を出せると論理的に説明するのは難しい**ものです。既存事業と比べると非効率に見えてしまいます。このような企画を通すためには、**「この企画は絶対実現させたい」という強い意志と情熱をもって社内を説得していく「突破力」**が求められます。

篠田氏が指摘するように、インテリジェンスを働かせる必要があります。重要なのは、その事業が実現したときに、ユーザーの行動変容が起き、課題解決につながる事業コンセプト、なおかつオリジナリティがあって革新的な事業コンセプトを創ることです。

意義のある事業コンセプトができれば、賛同者が現れ、突破口が開かれるものです。

5

「共感力」――驚きや気づきのあるコンセプトが共感を呼ぶ

消費者が商品やサービスを選ぶ際には、その機能や質だけでなく、開発者が語るストーリーや、提供する企業の社会活動に共感できるかどうかが、重要な要素となっています。

次に、アーティストが鑑賞者の共感を得る、「共感力」についてみていきましょう。アートの歴史で説明したように、「現代アート」は、鑑賞者がそのコンセプトを考える必要があります。そのうえで、作品のコンセプトや制作過程についてのアーティストの説明を聴いたり読んだりして、自分の思いもよらない話が出てくると、「そういう考え方があるのか！」と気づき、共感できるようになります。

また、アート作品の視覚的な部分も共感を呼ぶ重要な要素です。

ここでは**加藤翼**氏（1984-）の作品を紹介します。

加藤翼氏は、複数の参加者による協働作業が生み出す行為を映像、写真などの作品として発表しています。そのひとつに《The Lighthouses – 11.3 PROJECT》があります。

加藤氏は、東日本大震災の被災地ボランティアを行なったときに、福島のいわき市で、瓦礫の撤去が大変で困っているという話を聞き、手伝うことにしました。そして、木造家屋の瓦礫を見て、これを使って「現代アート」作品を作ろうと考えました。

〝木造家屋の瓦礫は今まで使ったことのない大きな角材だったんですが、それを使って作品を作ってみたい、というより、そのくらいのことをしないと瓦礫撤去を通じて関わっている地域に対するリアクションにならないんじゃないかという気がしたんです。〟※15

いわき市の海側の地区は、人々が高台に移住し、地区として成り立たなくなる可能性がありました。また、シンボルであった塩屋埼灯台が、津波のために消灯したまま

※15　成相肇「出来事を興す 加藤翼インタビュー」,「現代の眼」636号 p.14-17（2021）

加藤翼《The Lighthouses – 11.3 PROJECT》（2011）
©Tsubasa Kato
Courtesy of the artist and MUJIN-TO Production

になっていました。

そこで、瓦礫で巨大な灯台を模した構造物を作り、地域の人々の力で引き起こすプロジェクトを実施しました。ここで重要なのは、**このプロジェクトは、何かを解決しようとしたものではないこと、協力や協働を目的としたものではないこと**です。

なんだかわからない**巨大なものを若者が制作している姿が問いかけとなり、地域の人それぞれが、その意味を考え始めた**のです。そして、このプロジェクトに共感した人たちが集まってくれました。最終的に、その数は500人にのぼりました。

〝引っ張っている人全員が、楽しいからやっているんだと切り替わるタイミングがあると思う。避難した人たちを呼び戻すためだけのお祭りではなく、joy が発生する。[※16]〟

立ち上がった巨大な灯台を見た人々が、どれだけ勇気づけられたことでしょう。

この灯台は1カ月ほど固定しておいたそうです。付近の住人が毎日発電機を動かし、点灯してくれました。その後作品は解体されましたが、その直後に、本物の塩屋埼灯台が再点灯しました。

※16　加藤翼「The Lighthouses - 11.3 PROJECT」
https://www.katoutsubasa.com/projects/the-lighthouses/

瓦礫から灯台を造るという革新的コンセプトと、引き起こし解体するまでのエピソード、そして巨大な作品によって、いわき市の住人だけでなく多くの人の共感を得ることができました。

6

アーティストが創業したグローバル企業

アーティストが作品を制作するときに発揮する3つの力、「思考の飛躍」「突破力」「共感力」は、産業界でイノベーションを起こすときにも重要な力となるものです。実際、アート系の教育を受け、この3つの力をもつことで、新たな事業を興している人も数多くいます。

本項では、アート系の教育を受けた人が産業界で活躍している例についてみてみましょう。

米国で行なわれた興味深い調査があります。

米国の大学生250万人について、大学での専攻と卒業後の進路について調べました。すると、芸術を専攻した学生の場合、起業するかベンチャーに就職する人の割合が、他の専攻に比べて高いという結果が得られたのです。※17

※17 "Arts majors as entrepreneurs and innovators" Small Business Economics volume 57, pages639-652 (2021)

この結果は、**創造性が起業家精神やイノベーションと深く関わっており、芸術専攻の学生が、新たな事業の創出に果たす役割は大きい**ことを示唆しています。

一方、２０１６年の「Design in Tech Report」では、ユニコーン企業約１６０社についての調査が出ています。[※18]

ユニコーン企業とは、「評価額が10億ドルを超える、設立10年以内の未上場のベンチャー企業」のことです。２０１６年時点のこれらの企業を調べたところ、**21％の企業で、アート系の教育を受けた人が創業者になっている**ことがわかりました。

これは、アート系の人の起業が多いだけでなく、企業を成長させることもできることを示唆しています。

Youtube、Airbnb、Dyson など、私たちのよく知っている企業の創業者の中にもアート系の出身者がいるのです。

これらの企業は、革新的なコンセプトで事業を行なっています。

例えば Dyson 社の創業者ジェームズ・ダイソン（Sir James Dyson）は、**長年イノベーションの起きていなかった掃除機の業界に、吸引力の落ちないサイクロン掃除機というイノベーションを投入**しています。

※18　John Maeda “Design in Tech Report 2016”　https://designintech.report/2016/03/13/design-in-tech-report-2016/

図3 芸術系出身者がビジネスの場でも活躍している

企業名	創業者名	経歴
YouTube	チャド・ハーリー氏 (Chad Meredith Hurley) (1977 -)	YouTube 社の創業者の一人で、元 CEO。 インディアナ大学でファインアートの学士号を取得後、PayPal へユーザインタフェースデザイナーとして入社。PayPal のロゴも設計した。
GoPro	ニック・ウッドマン (Nicholas D. Woodman) (1975 -)	GoPro の創業者兼 CEO。カリフォルニア州立大学サンディエゴ校でヴィジュアルアートの学士号を取得。自分がサーフィンをしてるときの写真を撮ろうとして、35 mm カメラを手のひらにバンドで取り付けたことから、GoPro の着想を得た。
Airbnb	ブライアン・チェスキー (Brian Joseph Chesky) (1981 -)	Airbnb の共同創立者兼 CEO。ロード アイランド スクール オブ デザイン (RISD) で工業デザインの学士号を取得。
	ジョー・ゲビア (Joseph Gebbia Jr.) (1981 -)	Airbnb の共同創立者。ロードアイランド スクール オブ デザイン (RISD) で、グラフィック デザインと工業デザインの学士号を取得。サンフランシスコのカンファレンス参加者にアパートのエアベッドを貸し出すというアイデアを思いつき、Airbnb のビジネスの着想を得た。
Dyson	ジェームズ・ダイソン (Sir James Dyson) (1947 -)	Dyson 社の創業者。英国王立美術大学の学長。セントラル・セント・マーチンズでファイン・アートを、英国王立美術大学（ロイヤル・カレッジ・オブ・アート）で家具とインテリアのデザインを学び、その後は工学に転向。掃除機の吸塵力が低下しないように、サイクロン技術を使うことを着想した。
Y Combinator	ポール・グレアム (Paul Graham) (1964 -)	Y Combinator 創業者。プログラマー、エッセイスト。コーネル大学で哲学の学士号を取得し、ハーバード大学でコンピュータサイエンスの修士号と博士号を取得。また、ロードアイランドデザインスクールとフィレンツェの美術学校で絵画を学んだ。

当時の掃除機は紙パックにゴミを溜めるタイプが主流で、紙パック販売の利益率が高かったのです。ところが、ダイソンは紙パックをやめて透明なダストカップにゴミが溜まるようにしました。

当初、透明なカップにゴミが溜まっているのを見たい人などいないと言われ、市場調査でも同様の結果が出ていました。しかし、彼は、ゴミが溜まっていくのが見えるのは面白いと思い、市場の常識を覆す判断をしました。ゴミが溜まっていくところを目の当たりにすることで、吸引力の高さをビジュアルとして頭の中で描くことができたのです。実際に市場に出してみると、溜まったゴミを確認することで部屋がきれいになったことも実感でき、人々を魅了したのです。

その後も、扇風機やヘアドライヤーなどイノベーションの起きていない家電の領域に、革新的なコンセプトの商品を投入しました。多くの人がもっている家電は開発し尽くされたという常識に、ダイソンはとらわれなかったのです。

このように、アート系の教育を受けたベンチャー創業者は、常識にとらわれず、革新的なコンセプトの商品やサービスを開発し、多くの人の共感を得ているのです。

※参照
ジェームズ・ダイソン『インベンション 僕は未来を創意する』日経BP 日本経済新聞出版

第3章

「アート思考」を身につけるワーク5つのステップ

「アート思考」の実践①

1

思考を飛躍させる5つのステップ

本章では、**ビジネスパーソンがイノベーションを起こすために、「アート思考」を身につけるワーク**を紹介します。

「アート思考」についてもう一度おさらいすると、「自らの関心・興味に基づき、革新的なコンセプトを創出する思考」ということでした。ワークを行なううえで意識しておいていただきたいことは、**最初からイノベーションを起こそうとして事業を考えようとすると、「アート思考」になりにくい**ということです。

皆さんは日頃からイノベーションを起こそうとリサーチしたり、考えたりしていると思いますが、そこから画期的なアイデアが出てくることは少ないと思います。事業計画を立てるにあたって、実現可能性や事業性を考え分析を始めると、多くの制約が出てきて、思考が狭まってしまいます。したがって、**従来行なっている事業計画立案のようなアプローチはいったん忘れる**ことが重要です。

物理学者の**大栗博司**氏は著書『探求する精神[※19]』の中で、**一見役に立ちそうもない好奇心に駆られた研究が、社会に大きな利益をもたらす**ことを論じています。

一つは、米国プリンストン高等研究所初代所長の**アブラハム・フレクスナー**の主張を、以下のようにまとめています。

〝科学の歴史において、人類に利益をもたらした重要な発見のほとんどは、役に立つためではなく、自分自身の好奇心を満たすために研究にかきたてられた人々によって成し遂げられた。〟

また、カリフォルニア工科大学の元学長、**ジャン＝ルー・シャモー**のスピーチについて、次のように書いています。

〝真のイノベーションは人々が自由な心と集中力をもって夢を見ることのできる環境から生まれることは確かである。〟

※19　大栗博司『探究する精神 職業としての基礎科学』幻冬舎新書（2021）

本章のワークは、科学者たちがいうように、**自分の興味・関心から始めて、イノベーションにつながる革新的なコンセプトを創る**ことを目指します。具体的には、**5つのステップ**に分けて紹介していきます。

このワークは、アーティストの皆さんと議論したうえで開発したものです。実際にビジネスパーソンを対象にしたワークショップも行なっています。

ワークショップに参加した、企業で情報セキュリティのシステム開発を担当している人の例をお話ししましょう。

彼は、新型コロナウイルスの蔓延に伴い、さまざまな対策がとられたのを見て、コンピュータウイルスに適用できることがあるのではと思案していました。コロナウイルスもコンピュータウイルスも目には見えませんが、簡便に可視化できる技術を開発できないか、最初はテクノロジー主体で考えていました。

しかし、このワークを通じて、人の心をポジティブに変えて、それを伝播させ、コンピュータウイルスを作っている人の心も変えてしまおうという、**人間中心の考えへと思考が大きく変わりました。**

また、大学の経営学部の学生さんたちとワークを行なったときは、ワークを経験した仲間が集まって、「現代アート」を同世代の人たちに伝えようとInstagramのアカウントを自主的に作りました。

彼らはクリスマスシーズンに、ハッシュタグをつけて投稿した人に、抽選で展覧会のチケットをプレゼントするキャンペーンを実施するなど、商業サイトと同様の運営をしていました。しかも、**この活動を楽しみながら行なう**という、ワークの目指すところを理解してくれていました。

皆さんも、このワークで思考が変わることを実感できると思います。

各ステップは時間も労力もそれなりにかかりますが、「アート思考」を身につけるという目的をもって取り組んでください。

アーティストが作品を制作する過程を追体験する5つのステップ

5つのステップは以下に示すように、基本的には、アーティストが作品を制作する過程のエッセンスを皆さんにも体験してもらうというものです。

・**STEP1** **現代アートの作品鑑賞でアーティストのコンセプトを探る**
・**STEP2** **興味をもった社会事象についてリサーチし題材を集める**
・**STEP3** **集めた題材から常識を覆すコンセプトを創る**
・**STEP4** **作品を制作することでコンセプトを可視化する**
・**STEP5** **革新的コンセプトから事業プランを構想する**

前章でも説明しましたが、現代アーティストが作品制作するときの過程と、私たちビジネスパーソンが新製品や新サービスを開発するときの過程はよく似ています。

まずSTEP1では、現代アートの作品を鑑賞して、アーティストがどのようなコンセプトでその作品を制作したかを考えます。これを行なうことで、アーティストの思考が飛躍していることを体感することができます。

STEP2からSTEP4は、図2に示したように、現代アートのアーティストが作品を制作する過程を皆さんも追体験するものです。**現代アートは、革新的なコンセプトを創出するところに意義のあるアート**です。アーティストの思考の過程をたどることで、オリジナルで革新的なコンセプトを創ることに挑戦します。

図２ アーティストがコンセプトを創出し、
作品を制作するプロセス

- 社会の事象に違和感や興味を抱く
- リサーチを行ない、根本から考える
- 抽象化させる

↓ 思考を飛躍させる

常識を覆す新たな「コンセプト」を創出する

アート作品で
表現

ＳＴＥＰ２では、自分が興味をもった社会事象について、リサーチし、コンセプトを考える材料を集めます。

ＳＴＥＰ３では、集めた題材から、思考を飛躍させて、ネットで探せば出てくるようなものではない、自分のオリジナルのコンセプトを考えます。

ＳＴＥＰ４では、考えたコンセプトをアート作品で表現します。

ＳＴＥＰ５では、作品制作で考えたコンセプトを用いて事業を構想します。

次項から、具体的にどのように行なえばいいかを説明していきましょう。

2

STEP1

現代アートの作品鑑賞でアーティストのコンセプトを探る

作品鑑賞は、美術館に行けばできることです。

ただし、本書でお伝えする**「アート思考」のワークとして鑑賞する場合は、「現代アート」を選んでください。**これまでの章で示してきたように、「現代アート」は、革新的なコンセプトを創出するところに価値がある芸術です。「現代アート」を鑑賞することで、コンセプトを考えるワークをすることができます。

このワークは個人で行なうことができますが、仲間と同じ作品を鑑賞して議論するということも有効です。その場合は、誰の考えが正しいといった**正解を求めることはせず、むしろ、他の人と違うコンセプトを考える**方が効果的です。

このワークを行なったある人が、「自分は、アーティストが考えたコンセプトを洞察するのではなく、アーティストもびっくりするようなコンセプトを考えたい」と言ったことがあります。それくらいの気構えの方が飛躍した考えができるようになると思います。

実際に鑑賞した作品について、アーティストはどのようなコンセプトを考えたのかを確認する方法を紹介します。

美術館では、作品のタイトルの近くにあるキャプションや、解説の資料、音声ガイド等で確認することができます。アーティストによっては、自分のホームページで、コンセプトを説明している場合もあります。また、アーティスト本人や美術館の学芸員によるギャラリートークもときどき行なわれています。

それでは、実際にいくつか作品を鑑賞してみましょう。

AKI INOMATA《やどかりに「やど」をわたしてみる》

AKI INOMATA氏（1983-）は、人間と動物との関わりに着目した作品を制作しています。とても美しい作品が多く、作品鑑賞するのが楽しくなるアーティストです。

ここでは、**《やどかりに「やど」をわたしてみる》**という作品を観てみましょう（次ページ）。

生きたやどかりが、透明なアクリルでできた物体をかぶっています。まず、やどかりが通常やどとしている貝殻の内部構造をＣＴスキャンで計測して、その構造を３Ｄプリンタで再現したものです。

それでは、皆さんもこの作品のコンセプトを考えてみてください。

私は作品鑑賞のワークショップで、この作品をよく紹介しています。というのも、いろいろな意見が出る作品なのです。以前に行なったワークでは、やどかりを透明な物体の中に押し込んだのではないかと言った人がいました。しかし、これはやどかりが自分の意志で選んでいます。

別の人は、「自分が変なものを背負っているのに気がつかない、裸の王様を表現しているのでは」と言いました。面白いコンセプトですね。これは逆の見方もできると思います。やどかりは貝殻を背負わなくてはならないと思っていることこそ人間の先入観で、やどかりにとっては、快適であれば貝殻でなくてもかまわないというコンセプトも考えられます。

AKI INOMATA《やどかりに「やど」をわたしてみる》(2009-)

他にも「マンハッタンを想起させる作品が重そうに見える。多くのものを背負わされている、現在に生きる人間を表している」といった意見もありました。

AKI INOMATA氏は、どのようなコンセプトでこの作品を制作したのでしょうか。彼女のホームページに説明が書かれています。※20

２００９年、東京・広尾にある在日フランス大使館の庁舎が移転となり、旧大使館の隣に新しい大使館ができました。大使館の建っている土地は、フランス本国の領土と同じ扱いを受ける治外法権下になります。旧大使館があった土地は、フランスの法律の管理下から日本の管理に移行したのです。

しかも60年後には、再びフランスの管理下になるという取り決めがあるということを知り、「同じ土地であるにも関わらず、平和に国が入れ変わっている事実と、中身は同じでありながら、背負う『やど』によって、すっかり見た目が変わってしまうヤドカリには共通項を感じる」と語っています。そのため、この作品は、世界各国の都市を表現した形になっています。

私もフランス大使館の移転の話を聞いたことがありましたが、特に気にとめること

※20　AKI INOMATA《やどかりに「やど」をわたしてみる》
https://www.aki-inomata.com/works/hermit/

もありませんでした。しかし、言われてみれば、平和的に管理する国が変わるというのは珍しいこと。つい見逃してしまいそうな事象にも着目する視点と、そこから思考を飛躍させてやどかりにしてしまうところは、アーティストならではです。

☑岡田裕子《エンゲージド・ボディ》

岡田裕子氏（1970–）は、生と死をテーマにした作品を多く制作しています。**《エンゲージド・ボディ》**は、臓器の形をした金箔のジュエリーの作品です（次ページ）。2019年の恵比寿映像祭で発表されました。

皆さんも岡田氏はどういうコンセプトで、臓器の形のジュエリーを創ったのかを考えてみましょう。

岡田氏は、自宅で健康保険証の裏に、臓器提供に関する意思表示欄があることに気づきました。

〝死後、ドナーとして身体の一部を提供するということは、自分は死んでも他者の身

岡田裕子《エンゲージド・ボディ：脳の婚約指輪》(2019)
ナイロン（作家自身の脳をスキャンし、3D出力、など）に金箔
撮影：大島健一郎　提供：東京都写真美術館

体で一部は生き続けるということではないだろうか？　そして、身体の一部を受容する側は、他者の身体により生かされている。赤の他人とはいえ、これは「結婚」よりも「愛のある性行為」よりも極めて強力な人間の関係かもしれません。[※21]〟

そして、iPS細胞由来の臓器移植が行なわれるようになった世界を思い描きました。

〝ドナーとレシピエントの間での記念として、再生した内臓の一部をスキャンしたものをジュエリーとして贈り物とするという文化が芽生えます。互いに名乗り合うことが許されない代わりに、婚約指輪のような、契りの証としての「エンゲージド・ボディ・ジュエリー」で互いの身体の関係を確かめ合うのです。[※22]〟

作品は、岡田氏自身の臓器を3Dスキャンしたデータからジュエリーを制作、伝統的な金箔技法で仕上げています。

この作品は、医療倫理の研究をしている武藤香織氏のアドバイスを受けて制作しました。ここで面白いのは、**iPS細胞による臓器移植を研究している研究者にとって**

※21　岡田裕子『DOUBLE FUTURE— エンゲージド・ボディ／俺の産んだ子』求龍堂 ,p.7（2019）
※22　岡田裕子『DOUBLE FUTURE— エンゲージド・ボディ／俺の産んだ子』求龍堂 ,p.8（2019）

は、技術が社会実装されるまでがミッションですが、アーティストは、それが実現した社会がどうなっているかを想像するところです。

健康保険証の臓器提供の意思表示欄を見て、提供すべきかどうかを考えることはあっても、このように飛躍して考えることはなかなかできないものです。自分が移植を受けて生きながらえることができたら、どんなにうれしいことかを想像できるのもアーティストならではということができます。

また、この作品は、未来を予測したものです。私が担当している青山学院大学のビジネススクール（ＭＢＡ）の講義では、作品を観る前に、学生さんに「ｉＰＳ細胞を用いた臓器移植が行なわれるようになったら、社会はどのようになるか」を予測してもらいました。

「多くの人が移植を受けられるようになると、寿命が伸び高齢化がさらに進むのではないか」「生き方や価値観が変わるのではないか」「保険がいらなくなる」「移植のためのメディカルツーリズムができる」など、多様な意見が出てきました。その多くは、第三者として分析的に予測したものでした。

その後で、岡田氏の作品を観ると、岡田氏は「自分が移植を受けたらどうするだろうか」と考えていることがわかり、アーティストとの思考の違いに気づくことになりました。

☑崔在銀《The Oldest Story of Today…》

韓国ソウル生まれの崔在銀《チェ・ジェウン》（Jae Eun Choi）氏（1953-）は、1972年に来日し、草月流の三代目家元・勅使河原宏氏に師事し、生け花の空間概念や宇宙観を学びました。1980年代から生命や時間をテーマとした作品を創るようになりました。

次ページで紹介する作品は、縦5メートル、横3メートル、高さ45センチメートルの巨大なインスタレーション。すべて塩でできていて、きらきら光っています。中央に小さな鹿の彫刻が置かれ、この彫刻を境に、半分は灰で覆われています。

このインスタレーションは、どのようなコンセプトで制作したかを考えてみましょう。以下に、私が作品を観て感じたことを紹介します。

塩は人間が生きていくのに欠かせない物質です。古代文明では塩は金と同等に取引

崔在銀《The Oldest Story of Today…》（2022）
Photo：Keizo Kioku

され、塩の権利争いや塩税は戦争や革命の引き金となってきました。

調べてみると、塩は、大陸では地中にも存在するそうです。深さ数キロにおよぶ円柱状の岩塩層もところどころに存在し、「岩塩ドーム」と呼ばれています。そして、岩塩ドームの近くには石油や天然ガスの層があることが多いのです。石油の層を発見したことで、白（塩）から黒（石油）へ、人類の争奪の対象が変わっていきました。

中央の鹿の彫刻は人間を表しています。片脚だけ金色に塗られていますが、これは資本主義に片足を突っ込んでしまったことを示しています。塩を使ったインスタレーションで人類史を俯瞰するとともに、真っ白な大地も、人間が歩くと争いが起こり灰で覆われてしまうという、今日の戦争が起きている状況をもコンセプトとした作品です。

巨大な塩の地層は、塩の表面を加湿して溶かし、乾かすということを繰り返して作ったそうです。人類の歴史にも相当するような長い時間をかけて制作していて、鑑賞者にいろいろなことを考えさせる力をもっています。

※参照
MISA SHIN GALLERY “Jae Eun Choi: The Oldest Story of Today …”
https://www.misashin.com/exhibitions/jae-eun-choi-the-oldest-story-of-today/

「現代アート」のシャワーを浴びる

３つの作品を観てきましたが、皆さんはどのようなコンセプトを考えたでしょうか？

前述しましたが、アーティストと同じコンセプトを考えなかったとしても問題ありません。ここで気がついてほしいのは、大使館の移転や健康保険証といった身近に遭遇した社会事象から始めて、専門家の意見を聴くなど丹念にリサーチを行なって思考を飛躍させ、革新的なコンセプトを創出しているということです。

私たちも身近な事象から、革新的なコンセプトを考え出せるようにしていきたいものです。そのためにも、なるべく多くの作品に触れて、こんな革新的なコンセプトを考えているのかという驚きを経験することが効果的だと思います。

現代アートの美術館が近くにある場合には、展示が変わるごとに観に行くといいでしょう。近くに美術館がないという場合も、美術館のホームページやアーティストのホームページに作品とその解説が出ていることがあるので、ぜひチェックしてみてください。

私の場合、「Tokyo Art Beat」※23というアプリを使って展覧会情報を探しています。「Tokyo」という名前がついていますが、全国の展覧会をカバーしていて、地域別、ジャンル別、終了間近など、さまざまな条件で探すことができて便利です。「美術手帖オンライン」※24のような展覧会を紹介しているメディアもあります。

最近は2~3年ごとに、日本各地で芸術祭が開催されています。ヨコハマトリエンナーレ、越後妻有 大地の芸術祭、瀬戸内国際芸術祭、あいちトリエンナーレ（2022年から「あいち2022」に名称変更）、岡山芸術交流などがあります。

壮大で見応えのある作品、その地域の歴史を踏まえた作品などが展示されます。美術館とは違う施設や野外での展示もあります。美術館とは異なる環境で観るアートも、大きな刺激を与えてくれます。

※23　Tokyo Art Beat　https://www.tokyoartbeat.com/
※24　美術手帖オンライン　https://bijutsutecho.com/

3

STEP2 興味をもった社会事象についてリサーチし題材を集める

アート鑑賞を通じて、アーティストがどのように斬新なコンセプトを創り出しているかに触れたら、STEP2以降のワークに移ります。STEP2～4は、「現代アート」のアーティストが作品を制作する過程を皆さんにも体験してもらうものです（97ページ図2参照）。

STEP2では興味をもった社会事象を見つけて、その事象に関するリサーチを行ない、コンセプトを創るための題材を集めます。

本当に興味のある事象（面白いとか不思議だとか思うこと、あるいはこれはおかしいのではと思うことなど）を選ぶといいでしょう。STEP2からSTEP4までは時間も労力もかかります。本当に興味がもてる事象でないと、途中でやめてしまうということにもなりかねません。

最近行なったワークショップでは、環境問題のような大きなレベルの事象を選ぶ人がかなりいました。新型コロナウイルス感染症のパンデミック以降、大きな社会問題が立て続けに起きていることも要因かもしれません。

このような大きな事象の場合、リサーチの範囲が非常に広くなってしまいます。そこで、環境問題の中で、具体的にどの事象に興味をもったかを考えて絞る方がいいと思います。

STEP1で紹介した、《やどかりに「やど」をわたしてみる》では、フランス大使館の移転に着目しました。《エンゲージド・ボディ》では、健康保険証の、臓器提供に関する意思表示欄に興味をもちました。

多くの人は、このような事象は見逃してしまいがちです。臓器提供の意思表示欄を見たとき、同意のチェックをするかどうかを考えることはあっても、そこからドナーとレシピエントの気持ちを想像することはまずないのではないでしょうか。

アーティストは、他の多くの人が見逃してしまうことにも興味をもつ力があります。私たちも、**当たり前と思っているようなことも、なぜそうなっているのかと一度見直してみる**ことが必要です。

いろいろな観点で題材を集めて思考の種にする

興味のある社会事象を決めたら、リサーチを始めましょう。

まず重要なのは、いろいろな観点から調べてみるということです。これは、実際のビジネスの場でも同じだと思います。

ビジネスの場では、最初に数字やサイエンス、経済などの観点からデータを集めるのが基本です。本ワークではそれに留まらず、**関連する歴史、哲学、心理学、文学など文系の項目についても範囲を広げて調べる**ようにしましょう。

以前、行なったワークでは、次のような事象に興味をもった人がいました。

コロナ禍で、地下鉄の改札付近や商店街などにカプセルトイのマシンが置かれることが多くなったことに気づき、リサーチを行なったそうです。カプセルトイが増えた背景には、コロナ禍でテナントが撤退してスペースができたところに、電源も店員も必要のないカプセルトイマシンが置かれたのです。

カプセルトイが日本に登場したのは１９６５年のことでした。何が出てくるかわからないワクワク感から人気を博しました。

リサーチしてみると、心理学的には、新しいものを1つ取り入れると、そのシリーズを揃えたくなってしまう「ディドロ効果」と呼ばれる心理や、一度始めてしまうとやめられなくなってしまう「コンコルド効果」と呼ばれる心理が働いて、何度も続けてしまうことがわかりました。また、集めたカプセルトイをSNSにアップすることも流行っています。カプセルの中に入っている説明書にも、写真を撮ってSNSに投稿することが、遊び方のひとつとして記載されています。

この時点で、興味をもったビジネスパーソンは、「『未知』の体験と『支配』することの娯楽性」というコンセプトを考えました。何が出てくるかわからないスリルのために時間と費用を使う、期待したカプセルが出てくれれば満足感を得られるという意味です。

そしてこの後、自分もカプセルトイをやってみて、その体験を加味することで、さらにコンセプトをブラッシュアップさせたのですが、それは次項で紹介します。

リサーチの目的は、思考を飛躍させて革新的なコンセプトを考え出すことにあります。常識を覆すコンセプトを考え出せるような情報を見つけることが大切です。そのためにも、次項で示す、現場での観察はとても効果的です。

現場でヒアリングすることで生の情報を集める

リサーチというと、今はインターネットで手軽に行なうことができます。しかし、インターネット上にはない情報の中に、価値のあるものが埋もれていることがあります。

業務で調査をする場合には、インターネットの情報だけでなく、現場を訪れたり、関係者にヒアリングしたりすると思います。「アート思考」でのリサーチの場合も、インターネットだけでなく、現場の観察やヒアリングをすることをお勧めします。**インターネットにある情報は表面的なものが多く、革新的なコンセプトを創出するには物足りない**のです。現場にこそ、革新的なコンセプトの種が隠れています。

田村友一郎氏（1977-）は、現実なのか虚構なのかわからないような、不思議な物語をアートで表現しています。田村氏が2019年に森美術館で発表した《**MJ**》という作品を紹介します（次ページ）。この作品は、NPO法人アーツイニシアティブトウキョウ（AIT）の行なうdear Meプロジェクトと児童養護施設とのコラボレー

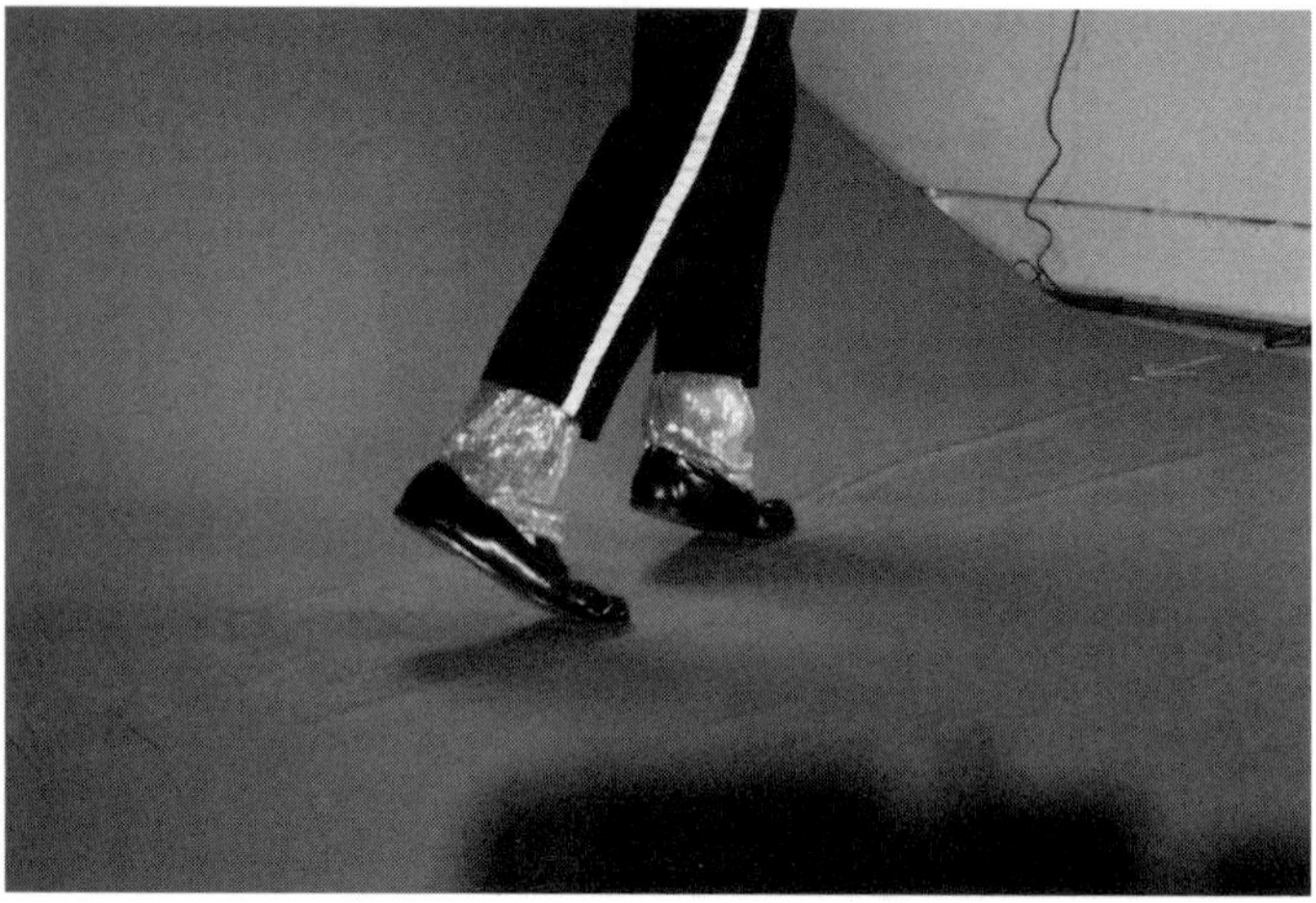

田村友一郎《ＭＪ》

ションで制作したものです。

児童養護施設のさまざまな人たちにヒアリングしていたところ、「東京北区にある星美ホームという児童養護施設に、マイケル・ジャクソンが訪れたことがあること、その場所がマイケルファンの間で聖地になっていること、さらにはそのファンがマイケルの想いを継いで、施設自体のサポートにも関わっている」という話を聞くことができました。[※25]

そこで、**聖地化やカリスマ性**をテーマにしようと考えました。

〝マイケルが実際に座ったステージがある星美ホーム内の集会所は、いまだに訪れる人が絶えません。あるイベントでは、マイケルの元専属シェフを招き、マイケルが日本ツアーで実際に食べた食事を再現し、皆で食べたりという事も行われていました。[※25]〟

田村氏は美術館に、星美ホームのステージと同様のスペースを設置しました。マイケルのムーンウォークを再現できるインパーソネーター（真似をする人自身を深く理解して、本物を思い起こさせるような振る舞いのできるプロのパフォーマー）にパフォーマンスをしてもらい、その映像をホログラムの方式で流したのです。さらに、

※25　「Interview & Video Archives《MJ》田村友一郎」
https://dearme.a-i-t.net/mj/

ムーンウォークから、アポロ11号の月面着陸へと思考を飛躍させました。

田村氏がこの作品で最後に語ったメッセージは、私たち産業界の人間への問いかけでもあります。

〝半世紀も前の偉大な跳躍とムーンウォーク
アームストロング船長とMJの言葉は皮肉めいて響きあう
『これはひとりの人間にとっては小さな一歩だが、人類にとっては偉大な跳躍である』
しかし君たちは、その結果を見たか?
われわれは進歩したのではない
むしろ後退してやいないか?
アポロンの神託所にはこのような格言が刻まれていた
汝自身を知れ。※25〟

この作品は、現場を訪れ、ヒアリングを重ねることでコンセプトを創り出すことができたものだといえます。

先に紹介した、カプセルトイに着目したビジネスパーソンは、**情報を集めるだけでなく、自分でも実際にカプセルトイをやってみる**ことにしました。そこで、次のようなことに気づきました。

どのマシーンにどんなジャンルのものが入っているかは事前にわかるので、試したいマシーンを選ぶことができる。しかし、実際にハンドルを回したときに何が出てくるかは自分では決められない、**最後は自分の力ではどうしようもないところが面白い**ということです。

このように、現場に行き試してみることにより、いろいろなことを発見できるようになります。

公文書でネットに出ていない情報を探る

興味をもった事象に関する学術論文などの文献をあたることも有効です。

ここでは、その一例として、Tokyo Contemporary Art Award (TCAA) 2020-2022受賞記念展での**藤井光氏**（1976–）の作品を観てみましょう。**終戦後に東京で開催さ**

れたにもかかわらず、日本人が観ることのできなかった「日本の戦争美術展」についてリサーチして自分なりの解釈をした作品です。

この展覧会は、1946年8月21日から9月2日まで、上野の東京都美術館で行なわれました。アメリカ合衆国太平洋陸軍が主催した展覧会で、占領軍関係者のみが入ることのできる展覧会でした。ここで展示されたのは、**藤田嗣治**（1886-1968）や**小磯良平**（1903-1988）など著名な作家の作品を含む150点ほどの戦争画です。

当初、米国の工兵部隊が戦争画を接収していたのですが、マッカーサーの知るところとなり、美術の専門家が入って対応を協議しました。**これらの作品ははたして「プロパガンダ」なのか？「芸術」なのか？** 米国側は結論を出すことなく、展覧会の終幕から5年間、東京都美術館に放置され、その後、米国に送られました。

1970年には無期限貸与として日本に戻され、東京国立近代美術館に収蔵されました。この経緯は、米国国立公文書館にマイクロフィルム「GHQ/SCRAP RECORDS」として保存されています。マイクロフィルム1500巻、シート状のマイクロフィッシュ32万枚という膨大な記録です。藤井氏は、実際にその資料を観ることで、戦争画とは何だったのかというコンセプトを考え出しました。

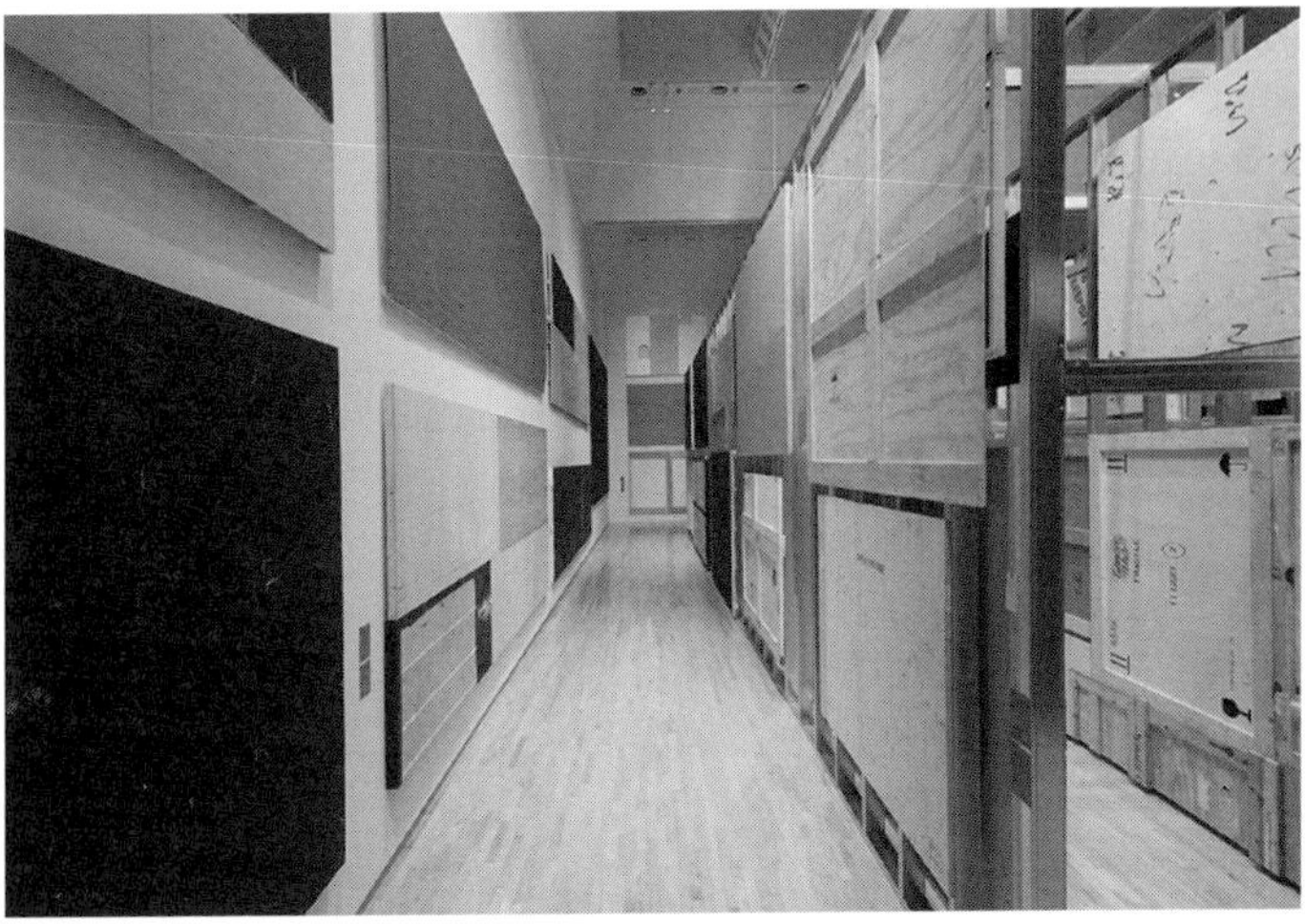

藤井光《日本の戦争画》（2022）

そして、「日本の戦争美術展」で展示された作品と同じ大きさのボードを、廃材で作成したのです。例えば、藤田嗣治の《サイパン島同胞臣節を全うす》は縦181センチメートル、横362センチメートル。出品作品150点について、すべて作品と同じ大きさのボードを制作し、展示しました。その展示風景は圧巻でした。

戦争画に興味をもったからには、米国の公文書までリサーチする必要がありました。これによって、米国が当時どのように戦争画を捉えようとしていたかがわかったわけです。

興味をもった事象に対してどこまで突き詰めてリサーチするかは、その事象によって変わります。しかし、先にも述べたように、革新的なコンセプトを創出するという目的を見失わないようにしてください。

☑ 関係なさそうな資料からも新しいつながりを見つける

続いて、一見関係なさそうなものごとの中から、新しい関係性を見つけることについて考えてみたいと思います。

※参照
藤井光「FUJII HIKARU」TCAA https://tokyocontemporaryartaward.jp/publication/2020-2022/fujiihikaru_summary.pdf

これはビジネスの場でも出てくることだと思います。スティーブ・ジョブズがスタンフォード大学の卒業式で行なった有名なスピーチがあります。大学でカリグラフィを学んだことがマッキントッシュを開発するときに効果的だったことを挙げて、以下のように語りました。

〝もちろん、当時は先々のために点と点をつなげる意識などありませんでした。しかし、いまふり返ると、将来役立つことを大学でしっかり学んでいたわけです。
繰り返しですが、**将来をあらかじめ見据えて、点と点をつなぎあわせることなどできません。**できるのは、後からつなぎ合わせることだけです。
だから、我々はいまやっていることがいずれ人生のどこかでつながって実を結ぶだろうと信じるしかない。[※26]〟

コンセプトを考える場合も、メインとしている事象のほかにも、**一見関係なさそうなことにも興味をもってリサーチしストックしておくことで、思いもよらぬ結びつきに気づく**ことがあります。

イギリス生まれでベルリンを拠点として活動している**サイモン・フジワラ**氏

※26　日本経済新聞「『ハングリーであれ。愚か者であれ』　ジョブズ氏スピーチ全訳」
https://www.nikkei.com/article/DGXZZO35455660Y1A001C1000000/

（1982-）が、2016年に東京オペラシティで行なった展覧会『ホワイトデー』で展示された**《レベッカ》**[※27]は、関係なさそうなことを結びつけた事例といえると思います。

展覧会カタログによれば、レベッカはロンドンで起きた暴動に参加して捕まった実在の人物で、更生プログラムの一環で中国の生産工場に送られました。

レベッカと出会ったサイモンは、古代中国で皇帝の墓に埋葬されるために大量に作られた人形**「兵馬俑」**を連想しました。そして、レベッカの型をとり、テラコッタ像を大量に制作しました。

兵馬俑は秦の始皇帝が作り出したといわれています。死後、霊魂が墓室内にとどまり生前と同じ生活をすると考え、霊魂を守る実物大の兵士の像を作らせました。

約8000もの像が整然と隊列を組んだ状態で発掘され、1体1体が個性をもっていて、当時の兵士の姿をありのままに表現しています。顔の表情から出身地を推測することができ、秦の軍隊がさまざまな民族から構成されていたことをうかがうことができます。

一方で、サイモン・フジワラ氏の《レベッカ》の像は、同じ表情、サイズ、ポーズ

※27 『Catalogue, Simon Fujiwara（2016）』HeHe（2016）
※参照
村越信子「秦始皇帝陵兵馬俑博物館についての一考察」東京家政大学博物館紀要 Vol.5 p.67-79. (2000) http://id.nii.ac.jp/1653/00010219/

サイモン・フジワラ《レベッカ》(2012年)「ホワイトデー」での展示風景(2016年、東京オペラシティアートギャラリー)公益財団法人石川文化振興財団蔵
©Simon Fujiwara Courtesy of TARO NASU　撮影：木奥恵三

になっており、**個々のアイデンティティを奪われ、〝労働力〟として大量生産・大量消費されていく貧困層の姿**を絶妙に表現しています。

また、《レベッカ》は、手に何かを握るような姿になっています。これは、兵馬俑でいうと、リーダーのメッセージを周囲に伝える伝令の姿と一致し、暴動に参加せざるをえなかったレベッカの境遇をも表現しています。

サイモン・フジワラ氏は、虚実織り交ぜたストーリーで鑑賞者の思考を刺激するというコンセプトで作品制作をしています。この作品についても、どこまで本当の話なのか、本人は明らかにしていません。しかし、虚実を織り交ぜたストーリーは、いくつかの物事をつなぎ合わせるからこそ、生まれるものだと思います。

第1章で、クリステンセンの言葉を紹介しました（18ページ）。

〝イノベータは、一見無関係に思えるアイデアを結びつけ、刺激的なアイデアを生み出すのに長けている[※28]〟

私たちも、コンセプトを創出する際に、思いもよらぬ結びつきを引き出せるように、

※28　クレイトン・クリステンセン、ジェフ・ダイアー、ハル・グレガーセン『イノベーションのDNA［新版］破壊的イノベータの5つのスキル』翔泳社（2012）

これまで興味をもってきたことや、力を入れて取り組んできたこと、読んで面白かった本など、棚卸しをして、すぐに取り出せるようにストックしておく必要があります。

※参照
一般社団法人 日本現代美術商協会「CADAN × ISETAN MEN'S：Summer Takeover」
https://cadan.org/summertakeover/
CINRA「愛か皮肉か？国際的に注目の作家サイモン・フジワラが日本を問う」
https://www.cinra.net/article/interview-201602-simonfujiwara

4

STEP3

集めた題材から常識を覆すコンセプトを創る

題材が集まったら、**コンセプトを創るステップ**に移ります。

前にも書きましたが、アーティストたちに、どのように作品コンセプトを創ったのかを尋ねると、「**リサーチして根本から考えることを繰り返しているうちに、思考が飛躍するとき**がある」といいます。このとき、ひらめきやセレンディピティといわれていることが起きているのだと思います。

しかし、ひらめきが起きるまで、いつまでも待っているというわけにもいかないという場合が多いと思います。ここでは、積極的にコンセプトを考える手順を紹介していきます。

大きな流れは、次の通りです。

①自分の体験・リサーチで集めた題材の中から発見する
②発見したことについて抽象化と具体化を繰り返し、本質を探る
③思考を飛躍させ、オリジナルで革新的なコンセプトにする

順に見ていきましょう。

①自分の体験・リサーチした題材の中から発見する

リサーチを繰り返し、自分で実際に体験する中で、今まで知らなかったこと、気づかなかったこと、びっくりしたことなどの発見があるはずです。それらを記録しておき、いつでも使えるようにしておきます。

記録の仕方は、皆さんのやりやすい方法でけっこうです。私の場合は、Evernoteにどんどん入れていって、必要に応じ振り返っています。

あるアーティストは、ノートを自宅の部屋ごとに（トイレも含めて）おいているそうです。思いついたときにすぐに記録しないと忘れてしまうためです。ノートを分散させておくと、かなり前に書いたことと新しい項目が並ぶことがあり、そこから新し

い発想が出てくることもあるといいます。

リサーチした題材から発見したアーティストの事例を紹介します。

写真家の**北桂樹**氏（1977-）は、クロアチアに出張したときに、単三電池を買いました。かなりの量の電池を買ったのですが、日本へ向かう飛行機の中で、ふと「クロアチアの電池は日本で使えるのだろうか？」と心配になりました。日本に着いて試してみると、ちゃんと使えたのですが、逆にびっくりしました。

「日本とクロアチアはとんでもなく離れているのに、なんで電池が使えるのだろうか？」

この驚きが第一の発見です。

リサーチしてみると、国際電気標準会議という機関があって、電池の国際規格を作っており、世界の90％以上の国で、同じ規格で電池を製造していることを知りました。第二の発見です。

本当に、ほとんどの国で同じ規格の電池を使っているのか、自分はもちろん、友人にも、海外に行くことがあったら電池を買ってきてほしいと依頼し、かなりの国の電池を集めました。すると確かに、どの電池も同じ規格になっていました。しかし、外観は国ごとに全く異なったデザインや文字が施されていることに気づきました。これが第三の発見です。

このように、リサーチを続けると、いくつも発見があると思います。ちょっとした気づきも、驚いたことも記録しておき、常に見返すことで、革新的なコンセプトに近づきます。

また、リサーチをしていくと、関連して気になることが出てくると思います。新たに気になったこともリサーチをしておくと、コンセプトを創るときに役立ちます。

例えば、北氏の着目したのは乾電池ですが、リチウムイオン電池の場合はどうなっているのかとか、他に国際規格があるものにはどういうものがあるかといった興味が出てきます。最初に興味をもった事象からかなり離れた分野にも目を向けた方が、組み合わせて新しいコンセプトを考える可能性が広がります。

②発見したことについて抽象化と具体化を繰り返し、本質を探る

リサーチをもとに発見した物事は、具体的なものが多いと思います。そこで、抽象

度を高くして、何が本質かを考えましょう。

抽象化はいろいろなやり方がありますが、よく行なわれるのは、**⑴要約する、⑵視座を変えて考える、⑶他の事象との共通点を探す**などです。

あまり抽象度を上げると一般論になってしまい、リサーチで発見したときの驚きが失われてしまいます。抽象度を上げ下げしてみて、これが本質だと思うことを見つけましょう。

北氏は、エネルギーという見えないものを写真で可視化することをテーマにしています。電池もエネルギーを可視化したものといえます。北氏が発見したのは、大きさは共通しているのに、外観は全く異なるということでした。

これを少し別の視座でみてみると、世界には国境があって、「宗教」「人種・民族」「言語・文化」「通貨」など多くのものが簡単には国境を越えられないのに、電池の規格は軽々と国境を越え世界中に広がったということができます。ここから、**国境を越えられることこそ、エネルギーのもつ力**だと考えました。これが北氏が考え出したエネルギーの本質です。

③思考を飛躍させ、オリジナルで革新的なコンセプトにする

次に、見つけ出した本質から、コンセプトを創ります。

「コンセプト」とは、日本国語大辞典によると「**概念、考え。本来哲学用語だが、美術、音楽、服飾、広告などの分野でも、新しい観点・着想による考え、主張の意で使われる**」となっています。

本ワークでは新しい観点・着想というところが重要です。

抽象化して考え出した本質に、範囲を広げてリサーチしたことを組み合わせたり、これまでの自分の経験の中から組み合わせられることはないかを考えたりして、思考を飛躍させます。第2章で紹介した久保田沙耶氏の《漂流郵便局》、田村友一郎氏の《MJ》、サイモン・フジワラ氏の《レベッカ》は、全く異なることを組み合わせて、新しいコンセプトを考え出した事例です。

また、多くの人が常識と思っていることに対して違う見方をすることも、常識を覆す革新的なコンセプトを考えるのに有効です。

マルセル・デュシャンの《泉》（60ページ）がそのような事例です。アート思考によるイノベーションの事例で紹介したウォークマンは、カセットプレーヤーには録音機能がついているという常識を覆したものでした。

北氏の電池の作品を140ページで紹介していますが、最終的に考え出したコンセプトは、電池に国際規格があることについて、エネルギーを擬人化させて、「**エネルギーが意志をもって人間に規格化を促した**」というオリジナルなコンセプトを考え出しました。国際規格は、多くの国の人々がその必要性などを議論して作っていくものですが、エネルギーはその必要性が高いことから、積極的に人間に働きかけたと捉えることができます。

オリジナルで革新的なコンセプトは、**人の共感を呼んだり、議論を引き起こしたりといった効果があります**。

北氏は、エネルギーの可視化というテーマが根底にあったので、エネルギーが主体のコンセプトを考えることができました。興味をもっていることは常に考え続け、リサーチで得た新しい情報と組み合わせることが、思考の飛躍のドライバーになります。

5

STEP4

作品を制作することでコンセプトを可視化する

本ワークは、アーティストが作品を制作する過程を体験することで、思考を飛躍させることがどういうことかに気づいてもらうという点にあります。作品を制作することでコンセプトが可視化され、自分でももう一度コンセプトを考えることができます。また、周りの人たちに作品を観てもらうことで、鑑賞者にもコンセプトについて考えてもらうことができ、議論が誘発されます。

本書の読者には、新規事業開発のための研修などを受けられた方も多いと思います。私も企業にいたときに、このような研修を受けたことがあります。実際に、業務として新規事業探索を行なったこともあります。

アウトプットが事業計画になるわけですが、事業となると、実現可能性や収益性を問われます。その業界の常識があって、逸脱しようとすると、それは無理と言われることもよくあることです。最初は飛躍したアイデアをもっていたとしても、このような制約にぶち当たるたびにシュリンクしていき、最終的には、既存事業の改善・改良にとどまってしまうことも少なくありません。

ＳＴＥＰ４は作品制作が目的ですので、このような制約は考える必要はありません。自分が一番望ましいと思う世界を描くことができます。存分に思考を飛躍させることを経験してほしいと思います。

コンセプトを可視化するにはどういう作品が適切か考える

ＳＴＥＰ３で創ったコンセプトを表現するのに、どのような作品がいいかを考えます。一義的に決まることではなく、いろいろな作品が考えられると思いますが、これまでワークを経験した人たちをみると、早い時期に思いついたアイデアで最後まで創っていることが多いようです。

「絵を描けなくても大丈夫ですか？」という質問をときどき受けます。必ずしも絵を描く必要はありません。本書で紹介しているアーティストの作品も、ほとんどが絵画ではありません。コンセプトが表現できているのであれば、マルセル・デュシャンの

《泉》のように、既存のプロダクトをそのままもってきて作品とすることもありえます。

北桂樹氏が、電池を発端に考え出したコンセプトから、どのような作品を制作したかを紹介しましょう。

２つの異なる国の電池の外観を、デジタル処理し、乾電池特有の寿命を示す「放電曲線」にしたがって歪ませ、それらをマージさせて、**全く新しい電池の姿を創り出しました**。各国の電池の外観には文化的背景が刻まれていましたが、この作品は、文化的背景を超えてより高次の世界を表現しています。それでいながら、おそらく世界中の誰もが電池と認識できるものになっています（次ページ）。

手を動かすことで見えてくるもの

アート作品を制作することの効用に手を動かすということがあります。手を動かしていると、その作業に集中できて、その中で新しい気づきが出てくることがあります。このワークにチャレンジしたビジネスパーソンの話です。その人は、最初、交通信

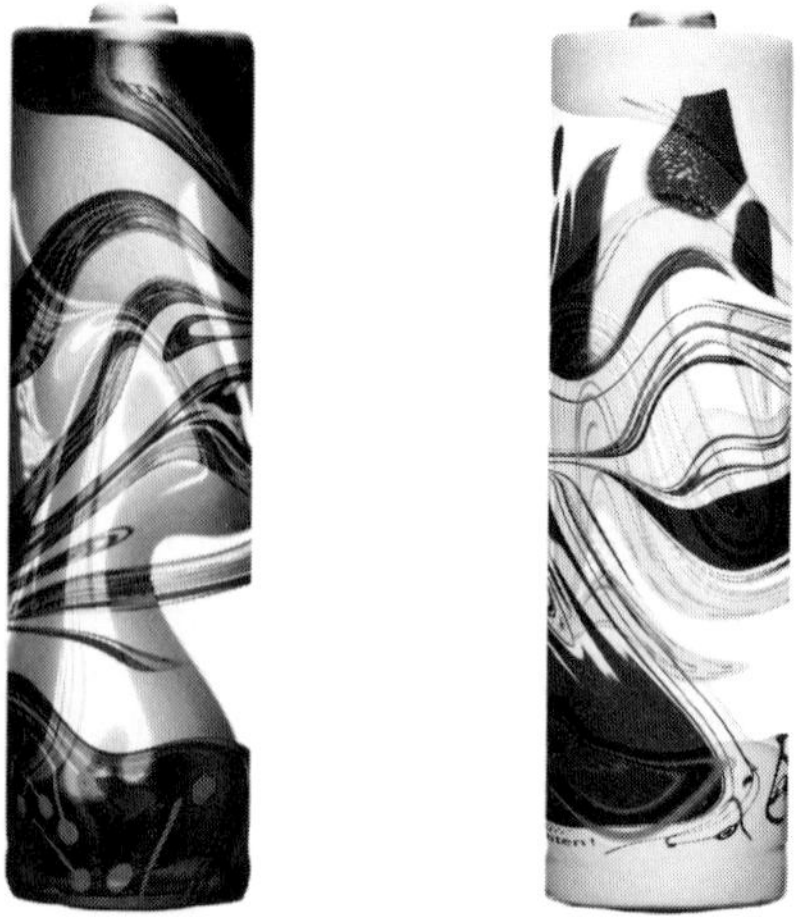

北桂樹《ＡＡ＋Ａ》(2018)

号に興味をもっていました。LEDになって信号の形がスリムになったとか、鉄腕アトムの形の信号機があるとか、いろいろ変化があるところが気になっていました。

私は、「信号は、どこの国に行っても赤が止まれというところが重要なのでは」とコメントしました。赤は長波長で直進性が高いので、遠くからも認識できるのです。

その人は、お子さんと、いろいろな色の風船を膨らませてみました。すると、赤い風船だけは、向こうがこちらを見ているような気がすると感じたそうです。そして、新しい発見をもとに「**赤という色は、人間を積極的に見ている**」というコンセプトを創り出しました。

そして、赤い風船に目玉をつけたものを3つ並べて、こちらを積極的に見ていることを表現した作品を制作しました。このように、手を動かすことで新たな気づきを得ることも多々あります。これも作品制作をすることの意義のひとつです。

また、あるビジネスパーソンは、同僚や家族も巻き込んで、楽しみながら作品を制作したと言っていました。楽しむこと、周りとのコミュニケーションのきっかけになることも、アート作品を制作するワークがもつメリットということができます。

手を動かすことで、コンセプトも、作品自身も、頭で考えただけの場合よりも磨か

※参照
北桂樹『AA+A』冬青社

れる可能性が高くなります。

タイトルとステートメントを作成し完成させる

作品が完成したら、**タイトル**と**ステートメント**を作成しましょう。

作品のコンセプトについて、鑑賞者に説明する必要がありますので、ここで文章にしておくことは大切です。これまでのワークで経験したことや考えたことを整理することにもなります。

タイトルは、コンセプトをまとめたものでもいいですし、制作した作品から得られる印象からつけても結構です。一方で、ステートメントについては、最初に興味をもった事象から、どのようにして革新的なコンセプトを創り出したかをまとめてください。

アーティストの場合は、それぞれ流儀があります。

冨井大裕氏（1973-）は、ステートメントの書き方について、「作品の説明はあまりせずに、むしろ自分の信条を書くようにしている」と話してくれました。作品を説明

※参照
Yumiko Chiba Associates「冨井大裕《線を重ねる》のステートメント」
http://ycassociates.co.jp/exhibitions/2021/11/16/1453/

しすぎると、鑑賞者に先入観を与えてしまい、自由に鑑賞してもらえなくなるということだと思います。

本ワークでは、創り出したコンセプトを正しく伝えることが重要ですので、アーティストのステートメントとは役割が異なります。これまでのワークで行なってきたこと、すなわち、最初に興味をもったこと、リサーチ、発見、そしてコンセプトを簡潔にまとめるようにしてください。

作品とコンセプトについて他の人の意見を聴く

作品、タイトル、ステートメントまで作り終えたら本ワークは完成です。お疲れさまでした。このワークを行なうことで、普段とは異なる思考を体験できたのではないかと思います。このとき得られた感覚などは記録しておくといいでしょう。

さて、完成した作品、タイトル、ステートメントは、**ぜひ周りの人に観てもらいましょう**。ＳＴＥＰ１で行なったのと同じように作品を鑑賞してもらい、作品に対する感想やコンセプトに対する意見を聴いてください。

コンセプトに対して、「そんなこと考えたこともなかった」というようなコメントがあれば、かなり飛躍したものになっているといっていいでしょう。

また、**異論反論にも耳を傾けましょう**。革新的なコンセプトほど、最初は反論する人が多いものです。もらった意見は記録して、後で振り返ってみましょう。その中から、さらなる発見があるかもしれません。

本ワークは、思考を飛躍させて、革新的なコンセプトを創ることが目的でした。思考を飛躍することがどういうことか体感できたら、ぜひ、自分の業務などでも発揮してみるようにしてください。これは次項でお話しします。

なお、周りに作品を観てくれる人がいないという場合は、私あてに作品の画像、タイトル、ステートメントを送っていただければ、コメントさせていただきます。

6

STEP5

革新的なコンセプトから事業プランを構想する

STEP4までで、自らの関心・興味から思考を飛躍させ、革新的なコンセプトを考え、アート作品で表現することを行ないました。アート作品の制作を目的とすることで、実現可能性や収益性といったビジネスの場で出てくる、制約にとらわれない革新的なコンセプトを考えることができたと思います。

STEP5では、STEP3で考え出したコンセプトを使って、新しい事業プランを創ることを行ないます。

第2章で、イノベーションの事例を紹介しましたが、どれも常識を覆す革新的なコンセプトを考えたうえで事業を創っていました。**革新的なコンセプトこそイノベーションに必要**なのです。

それでは、皆さんがSTEP3で考え出したコンセプトをもう一度振り返ってみてください。

革新的なものになっているでしょうか？

そのコンセプトが実現したら、社会が変わるような大きな力をもっているでしょうか？

既にこの2つを満たしているコンセプトができているのであれば、アート作品だけでなく、イノベーションにも活用できます。

本章で何度も紹介してきた北桂樹氏の電池の話をもう一度取り上げてみましょう。北氏が考えたコンセプトは以下のようなものでした。

・電池の規格のように、文化的背景などが含まれていないものは、自由に国境を越えることができる

・電気のエネルギーは、あたかも人を動かして規格を作らせて、自ら広まるような力をもつ

前者のコンセプトは、事業としても考えやすいと思います。ＧＡＦＡに代表されるプラットフォームビジネスがこれに当てはまると思います。

例えば、「アート思考」によるイノベーション事例で紹介したグーグルの場合、もともと検索ビジネスをやろうと思っていたわけではありませんでした。たまたま、検索結果にリンクがついていることを発見し、「**逆方向リンクによってウェブサイトのランクづけができる**」という革新的なコンセプトを創出したことが、検索ビジネスに発展しました。

これも、検索プラットフォームという文化的背景のないサービスは、軽々と国境を越えることができ、検索プラットフォーム自体があたかも意志をもったかのようにセルゲイ・ブリンとラリー・ペイジを動かしたと考えることもできます。

☑アート作品のためのコンセプトから新規事業を考える

次に、私が講義をしている、青山学院大学のビジネススクール（ＭＢＡ）での事例を紹介しましょう。作品を制作したときと同じコンセプトを使って、事業プランを創ってもらいました。そのときの条件として、以下の２つを提示しました。

①すぐに実現しなくてもいいので、なるべく荒唐無稽なことを考えてみる
②実現した際には、ワクワクする社会になるようなプランを考える

荒唐無稽という条件をつけたのは、事業プランというと実現させることが気になり、コンセプトが革新的なのに、こぢんまりとした事業プランになってしまうのを避けるためです。

ある人は、エネルギー問題に興味をもち、現在の施策が将来的にマイナスの影響を与えることもあるのではないかという問いを立てました。各地の発電設備が自然環境に介入して造られているためです。アート作品としては、表と裏で見え方の違う絵画を制作し、視点を変えて考えることの意義を表現しました。

構想した事業プランは、長距離送電網で世界をつなぎ、大量に電力を生産できる場所から、全世界に供給するというものです。複数の送電網を作ることで、災害や紛争が起こっても、別のルートで送電を続けることができるようになります。

送電網の構築には、技術的、そして地政学的課題があり、そう簡単には実現できないものです。しかし、エネルギーの概念を大きく変える可能性があります。

また、**「距離によって価値が変わる」**というコンセプトを考えた人がいます。アート作品は、透明なゼリー状の中にスマートフォンを埋めたもの。電話をかけるとスマートフォンが光るのですが、電話に出ることができません。距離によってスマートフォンの機能を活用できなくなることを表現しました。

事業プランは、家具にＡＩを組み込み擬人化させるというものでした。例えば、家具の中でも家族と接する機会の多いテーブルが家族の様子を見ていて、必要なときに声をかけてくれるのです。身近に存在する家具だからこそ家族のちょっとした変化に気づき、精神的あるいは身体的な健康の増進に貢献できます。家族で暮らしている場合もそうですが、一人暮らしだとより効果的かもしれません。

ＭＢＡでこのワークを行なって気がついたことがあります。学生の皆さんにそれぞれの作品や事業プランを発表してもらい議論をしますが、そのときに出る意見が非常にポジティブなのです。**「そのアイデアは面白い」**とか**「その事業プランはぜひ実現してほしい」**といった意見が非常によく出ます。

新規事業のワークショップでは、批判的な意見が出ることが多いと言われますが、場の雰囲気がポジティブになるのも、アート思考の特徴だと感じています。

人工流れ星を事業化したＡＬＥ

最近の日本企業が取り組んでいる事業、あるいはビジョンとして構想している事業にも、他の人が考えつかないような、革新的なコンセプトから作られているものがあります。その事例を紹介しましょう。

２０１１年に設立された**株式会社ＡＬＥ**は、「人工流れ星」を開発している宇宙スタートアップ企業です。創業者の**岡島礼奈**氏は、天文学の博士号を取得していますが、学生時代から「いつかは人工流れ星の会社を作る」という思いをもっていました。

岡島氏は大学院修了後、証券会社で投資について学んだ後に、会社を設立しました。**自らの興味からコンセプトを創り、事業化した事例**ということができます。創業した当時は、宇宙関連のベンチャーは少なく、事業説明をしても「そもそも宇宙をビジネスにできるのですか」といった反応ばかりだったそうです。それだけオリジナリティの高い革新的なコンセプトだったということです。

天然の流れ星は、宇宙に漂う塵が大気圏に突入し発光するものです。そこで、直径1センチメートル程度の「流れ星の素」を作成、人工衛星に搭載して、位置・方向・速度をコントロールして放出することで、流れ星を生成することができます。

人工流れ星は、「宇宙をライブで楽しむ」エンターテインメントコンテンツとして活用するとともに、これまで取得が難しかった大気圏のデータをとることが可能になり、気候変動のメカニズムの解明に利用することを計画しています。

東北大学と共同で人工衛星初号機を開発し、2019年には打ち上げを実現しました。この人工衛星は、高度約500キロメートルの軌道に投入されました。

人工流れ星を放出するには、高度を約400キロメートルまで人工衛星を下げる必要があり、2022年には高度を下げることにも成功しています。人工流れ星が夜空を彩り、多くの人に全く新しい体験を提供する時代も近づいています。

包装の新しい価値を生み出す川島製作所

もうひとつの事例を紹介します。

※参照
株式会社ALE ホームページ　https://star-ale.com/
The Asahi Shimbun Globe+「【岡島礼奈】一人で始めた『人工流れ星の会社』　特技は『自分よりできる人』を集める」https://globe.asahi.com/article/14414843

株式会社 川島製作所という1912年創業の、自動包装機を製造している企業があります。創業から100年以上経っている企業ですが、社長の**伊早坂嗣**氏は、これからの100年を見据えると、既存の包装機事業だけでは時代の変化に追いつけなくなるのではという危機感を抱いていました。

そこで、**包装機メーカーから「〝包み〟〝装う〟メーカー」へと進化し、「包装の概念を塗り替えたい」**と考えるようになりました。

進化の第一歩として、社員の皆さんに包装の未来を描いてもらい、「**フューチャーマップ**」として集約しました。このマップは、川島製作所のホームページに掲載されています。

これからの川島製作所を背負っていく若い世代が、主体的にワクワクできるビジョンを描き、未来を考える仕事を「自分ごと」にしてほしいと思う伊早坂氏が、社員と対話を重ねながら創っていきました。

例えば、食べ物や空気を包装して宇宙に持っていくことで、宇宙空間でも地球と同じような生活を可能とする「**宇宙向け包装技術**」、景色や温度、香りを包装し、その背景にある想いや記憶も包み込む「**タイムカプセル**」、役目を終えた包装資材から繊維を再利用して、自分を包む服装を自由に選べる「**ファッションステーション**」、畑で収穫した農作物を新鮮な状態で消費者に届けることのできる包装技術を提供する「**ファーム**」というように、オリジナルでワクワクする未来像にあふれています。

ここに描かれた未来像は、すぐには実現できないかもしれません。しかし、伊早坂氏は、**「どんな可能性でも考え、受け入れる」ことを重要視**しています。これまでの人類の歴史をみても、ある時点では荒唐無稽と思われていたことが、後年実現したことで、社会が発展してきました。そこには、**革新的なコンセプトを考え提示した人がいて、実現させようとチャレンジした人がいる**のです。

皆さんも、本章で紹介したアート思考を身につけるワークに挑戦し、ワクワクする未来につながる事業プランを構想してください。

たとえ荒唐無稽だったとしても、なんとしても成し遂げるという使命感があれば、道は開かれるものです。自分で創り上げたコンセプトを大切にして、イノベーション創出に挑戦してください。

※参照
株式会社 川島製作所ホームページ　https://www.kawashima-pack.co.jp/
伊早坂嗣『そこまでやるか、をつぎつぎと。』クロスメディア・パブリッシング（インプレス）（2021）

第4章

「アート思考」の実践②

アーティストと協業する「アーティスティック・インターベンション」

1

アーティストと企業の協業が変革を生む「アーティスティック・インターベンション」

第3章では、ビジネスパーソン一人ひとりがアーティストの思考を体験して、革新的なコンセプトを創るワークを行なっていただきました。実践してみて、いかがだったでしょうか。

アーティストの思考によりイノベーションを起こす方法として、もうひとつ行なわれていることがあります。組織のプロジェクトにアーティストを迎えて、ともにプロジェクトに取り組むことで組織全体として思考の飛躍を促し、新規事業を開発したり、組織を変革したりする「**アーティスティック・インターベンション**」です。

この言葉は、WZBベルリン社会科学センターの**アリアン・ベルトイン・アンタル**（Ariane Berthoin Antal）によって提唱されました。アーティストと協業することで、企業組織に根付いたものの見方や常識に、干渉や介入（インターベンション）が起こることに由来します。

「アーティスティック・インターベンション」の議論は、２０１０年以降に高まってきました。その背景には、多くの企業が「デザイン思考」を取り入れてきたなかで、企業組織に根付いたものの見方や常識を根本から覆すという目的に適しているのか、疑問が出てきたためといわれています。[※29]

第1章での「アート思考」の説明でも示しましたが、アーティストは、自分の関心・興味を起点にリサーチを重ね、根本から考えることで、革新的なコンセプトを創っています。

アーティストが企業などの組織に入ると、その企業の人たちには当たり前のことにも疑問を呈することで、組織変革を引き起こす可能性があります。また、アーティストの介入によって生まれた革新的なコンセプトがイノベーション創出につながると期待できます。

アーティスティック・インターベンションは欧米で盛んに行なわれています。すべてのケースで画期的な成果が出ているわけではないようですが、ここでは、成果が得

※29　八重樫文、後藤智「アーティスティック・インターベンション研究に関する現状と課題の検討」『立命館経営学』第53巻 第６号 p.41-59（2015）

られたケースを中心に紹介します。また、私が、令和2年度文化庁文化戦略推進事業として実施した、コニカミノルタ株式会社の事例も紹介します。

これらの事例から、アーティスティク・インターベンションを成功させるために必要となる考え方についてもまとめています。イノベーション創出や企業変革を目指している経営企画や新規事業部などの皆さんには、このような試みもあることに気づいていただければと思います。

2 アーティスティック・インターベンションを生み出したベル研究所

アーティストが企業組織の中に入って、イノベーティブな活動を行なった初期の事例は、1925年、米国ニュージャージー州にAT&Tが設立した**ベル研究所**にあります。ベル研究所は設立以来、最先端の技術開発を行なっており、代表的なものに電波望遠鏡、トランジスタ、レーザー、情報理論、UNIXオペレーティングシステム、C言語などがあります。

このベル研究所で、1931年から1932年にかけて、「音の魔術師」の異名をもつ**指揮者レオポルド・ストコフスキー**（Leopold Antoni Stanislaw Boleslawowioz Stokowski）**とともに録音技術の実験を行ない、世界初のステレオ録音を実現したと**いう記録が残っています。※30

1950〜1960年代には、アーティストがベル研究所に滞在するようになりま

※30　InSight「Engineering and Pop Culture: Leopold Stokowski and Bell Labs, a Sound Collaboration」Sheldon Hochheiser
https://insight.ieeeusa.org/articles/engineering-and-pop-culture-leopold-stokowski-and-bell-labs-a-sound-collaboration/

す。1968年にベル研究所を訪れたアーティストの**リリアン・F・シュワルツ**（Lillian F. Schwartz）はエンジニアと協力し、**コンピュータアニメーション映画**を制作しました。この時期にコンピュータグラフィックス、コンピュータサウンドなども開発されています。

1960年代半ば、ベル研究所の2人のエンジニアと著名なアーティストたち、**ロバート・ラウシェンバーグ**（Robert Raushenberg）、**ジョン・ケージ**（John Milton Cage Jr.）、**ロバート・ホイットマン**（Robert Whitman）らが協力して**芸術と工学の実験**を行なうようになりました。1966年には「九つの夕べ——演劇とエンジニアリング」というイベントを開催し、これを機に、「**E.A.T.（Experiments in Art and Technology）**」が結成されました。

この目的は、テクノロジーを通じて芸術活動を支援すること、芸術生産を通じて科学技術のもつ本来的な性質や方向性を検証し、従来の科学的なシステムの批判・脱領域化を図るというものでした。E.A.T. の活動は1980年代まで続き、テクノロジーを芸術と融合させようとするアーティストたちに影響を与えてきました。

1940年代から1960年代にかけて、ベル研究所で発明された技術や理論は、

※参照
Computer History Museum「LILLIAN F. SCHWARTZ」
https://computerhistory.org/profile/lillian-f-schwartz/

≪ベル研究所外観（ニュージャージー州マレーヒル）≫
https://www.bell-labs.com/about/locations/

実用化まで時間がかかるものではありましたが、現在のコンピュータや通信技術すべての基盤となる壮大なものでした。1970年代になると、ITベンチャーがシリコンバレーを中心に誕生してきますが、これらのベンチャーをはじめ、多くの企業が、ベル研究所の発明による基盤技術を活用して製品やサービスを開発しました。

1990年代に、AT&Tは、ベル研究所を含む研究部門をルーセント・テクノロジー社として独立させ、2006年にはアルカテル社と合併、基礎部門を廃止し、収益に結びつきやすい分野に特化するようになってしまいました。

2015年に、ノキア社がアルカテル・ルーセント社を買収し、現在、ベル研究所は**ノキア社**の研究所となっています。そしてE.A.T.プログラムが再開され、世界中のアーティストと長期的、短期的なコラボレーションを多数行なっています。

その目的は、**基本的な話し言葉や書き言葉を超えた高次のコミュニケーションを可能にする**という非常にイノベーティブなもので、これにより人／人種／文化／宗教の間に存在する障壁を取り除くことを目指しています。1960年代に起きたような、アートとテクノロジーが融合する壮大なビジョンが、今こそ必要だと考えているのではないでしょうか。

※参照
Nokia "Bell Labs"　https://www.benneill.com/portfolio/belllabs/
artscape " Artwords"　https://artscape.jp/artword/index.php/E.A.T.
ジョン・ガートナー　『世界の技術を支配するベル研究所の興亡』文藝春秋

ベル研究所に滞在しているアーティストたちには、スタジオスペース、科学者やテクノロジーへのアクセスが提供されます。アーティストは、関心があるプロジェクトのメンバーとなって会議に参加できます。

アーティスティック・インターベンションの広がり

現在、欧米では、このようなアーティスティック・インターベンションが多数行なわれています。

マイクロソフト社では、2012年から「アーティスト・イン・レジデンスプログラム」を行なっており、企業内の文化に影響を与えるようなプログラムを設計しているといいます。**芸術と最先端の科学研究を融合させて、科学技術への理解と対話を促進する**ことを目的としています。コラボレーションの内容、結果、制作されたプロトタイプなどがマイクロソフト社のホームページに掲載されています。※31

※31 Microsoft "Artist in Residence" https://www.microsoft.com/artist-in-residence/collaborations/

3

事例① ヤマハ「TENORI-ON」
――感覚的に演奏できる楽器

２００７年に発売された電子楽器「**TENORI-ON**」は、ヤマハ株式会社とメディアアーティストの**岩井俊雄**氏（1962-）とのコラボレーションによって開発されました。25×25センチメートルのアルミフレームの中に並んだ２５６個のＬＥＤボタンを自由に押すだけで、さまざまな音楽を演奏／記録することができる次世代音楽インターフェイスです（現在は生産終了）。

ヤマハ（当時）の**西堀佑**氏（1978-）は、「ネットワークを使うことで、音楽はどのような新しい面白みをもつのか」という研究をしていました。そして、作成したアプリケーションを岩井氏に見せに行ったことから交流が始まります。

岩井氏は、作曲のできるソフトウェア「テノリオン」を作っていましたが、実際に手に収まり、ポータブルで楽しめる新しい楽器「TENORI-ON」を作ろうということ

ヤマハ「TENORI-ON」(2007)

※参照
ASCII「6年間の開発魂！　楽器NGでも作曲家にさせるヤマハ『TENORI-ON』」https://ascii.jp/elem/000/000/124/124011/
電通　美術回廊編　『アート・イン・ビジネス』有斐閣 (2019)

になりました。そして２００３年の秋、楽器「TENORI-ON」の１次プロトタイプが完成しました。

岩井氏がソフトウェアを、ヤマハがハードウェアの開発を担当しました。デザインの検討も行なった２次プロトタイプができた段階で、ヤマハのソフトウェア開発部隊が参画し、商品化が加速します。

岩井氏が**感覚で、音や光がこんなスピードで広がると気持ちがいい**と提案しました。感覚で作ったものなので仕様がありません。ヤマハの開発部隊が、**岩井氏の感覚を数値化して、仕様を作っていきました**。感覚を数値化するのは大変な作業だと思いますが、このような工程をたどることで、オリジナルな電子楽器を創ることができたのです。

「TENORI-ON」は、音が鳴るとともにボタンが光るので、**音の広がりを可視化**できるのが大きな特徴です。そのため、プロのミュージシャンたちも「**光で演奏を見せられる楽器**」として支持してくれて、コンサートなどで使われました。

通常、楽器は弾けるようになるまで、かなり練習をしなければなりませんが、「TENORI-ON」は、楽器を弾く技術や素養は全く必要なく、自由に作曲できるので、楽器に縁のなかった人にも楽しんでもらうことができます。

このプロジェクトの特徴は、**アーティストのアイデアを全面的に受け入れて、企業は、自分がもつ技術で製品化を推進した**ところだと思います。飛躍したコンセプトはアーティストから出てきて、それを実現させるのは企業側という役割をお互いに理解できていたことを感じさせます。

6年というかなり長い開発期間でしたが、途中で打ち切りにすることなく製品化までこぎつけました。**これまでにない楽器、誰もが作曲を楽しめる楽器、演奏を可視化できる楽器を創りたいという意志をアーティストと企業とで共有できていた**ことで、製品化まで到達できたのだと思います。

4

事例②グーグル「トラッカージャケット」——デジタルとファッションの融合

次は、**グーグル**の事例をみてみましょう。

情報産業の代表であるグーグルですが、なんと**ジャケット**を創っていたのです。

これは、２０１５年に**グーグル先端技術研究部門（ATAP、Advanced Technology and Projects）**が立ち上げたプロジェクトです。２年間、何をやってもいいけれど、必ずプロダクトを出すというのがミッションでした。メンバーには、エンジニア、デザイナー、アーティストなどが加わっていました。

プロジェクトの方針として、**テクノロジーを見えないようにしたい**ということを挙げました。スマートフォンのような、見るからに先端の電子機器とは違う方向のプロダクトを開発したいという意味です。そして、導電性の糸を開発し、アパレル製品を創ることを考えました。

アーティストの福原志保氏（1976-）は、このプロジェクトに参画。「ファッションは自己表現でもある。**他人と違いを生む手段でもある。これを理解しなければいけないと思う。リーバイスのような企業から学びたい**」と考え、リーバイスとの共同開発が始まりました。

リーバイスは、ゴールドラッシュのときに、採掘をしている人たちのために丈夫な服を提供しようとしてデニムを開発しました。これは技術革新を目指したのではなく、人々の生活を向上させたいという思いから生まれたものです。

今回も同様に、**テクノロジーを見せることなく、生活を変えることができるか**という視点で考えました。

「**Trucker Jacket with Jacquard by Google**」は、左の袖口周辺にグーグルが開発した導電性の繊維を組み込んでいます。

袖口をなでたり、タップしたりすると、袖口につけられたBluetoothドングル経由でスマートフォンへ伝わり、**スマートフォンを取り出すことなく、カメラを起動して撮影したり、音楽を再生・停止したりできる**のです。

このジャケットは2017年に米国で発売され、人気になりました。米国では自転車通勤している人が多く、スマートフォンを取り出さずに操作できるこのジャケットは支持されたのです。

2019年に発売された第2弾は、日本でも展開されました。さらにこのプロジェクトは、**サン・ローラン**、**サムソナイト**、**アディダス**とコラボレーションを拡大しています。

福原氏は、企業の中にアーティストがいることの意義を、次のように語っています。

〝グーグルのような先進的な企業であっても、企業の中の人たちは短期的な視点をもっています。一方、アーティストは**10年後、20年後がどうなっているか、どうなるといいのか**を考えています。また、生き方とか時間とは何かといったファンダメンタルな問いを抱えて作品を制作しています。

アーティストは**土を耕し、そこにどういう種をまくのがいいかを直感で感じ取ります**。まいた種を育てることにも長けています。このような人材を企業の人事制度の中で育成するのはおそらく難しいと思いますが、**アーティストが企業の中にいると、その態度が他の社員にも移っていく**のではないでしょうか〟

福原氏は、自分でも会社を立ち上げたこともあり、さらに、早稲田大学やハーバード大学の研究員でもあります。

多様な視座から社会を見つめていて、アーティストのような異質な存在が組織にいることの意義を、自ら実践して示してくれています。

※参照
ケータイ Watch「Google が技術開発、リーバイスのスマートジャケットがついに日本上陸」
https://k-tai.watch.impress.co.jp/docs/news/1210344.html
『未来の学校祭』ギリギリ・トーク　Talk Session 3「アーティスト・イン・カンパニー」
（2019年2月23日）ミッドタウン・カンファレンス ROOM9

5

事例③ コープ「コープデリ」——未来の暮らしを描く

この事例は**コープデリ生活協同組合連合会**と**東京藝術大学美術学部デザイン科**による**組織間のコラボレーション**です。

コープデリ生活協同組合連合会（以下、コープデリ）は、宅配サービス「**コープデリ**」を展開していますが、非常に競合の多い事業です。そこで、新たな展開を求めて、東京藝大に相談、コラボレーションが実現しました。

東京藝大では、企業などからこのような相談があったとき重要視しているのが、**単にプロダクトをデザインするのではなく、コンセプトを考えるところから関わる**ということです。

今回も、学生たちの視点を通して未来の生活を考え、**コープデリのもつ信頼や魅力を活かして新たな体験価値を創造する**ことをビジョンとして進めました。

最初に学生を連れて見学に行ったときに、学生からの意見がたくさん出るほど、その後のプロジェクトで斬新なコンセプトが出てくるといいます。

コープデリとのコラボレーションは、２０１８年度から2年間実施されました。プロジェクトの前半では、コープデリの食材を試食したり、牧場で牛の飼育や管理を、食肉加工工場で加工の工程を見学したりといった体験を中心に行ないました。

その後、未来の暮らしを描き、コンセプトを創っていきました。できたコンセプトは「**いろどる、ふちどる**」です。**自分たちの未来の暮らしを、絵を飾るようにいろどり、ふちどりをするようにモノを選ぶ**という意味があります。

このコンセプトをもとに商品のデザインを行ない、6商品ができました。洗剤から、トートバッグ、アルミ製のストローなど、環境に配慮した魅力的な商品ができあがりました。実際にコープデリで発売してみると、人気の商品になりました。

このコラボレーションでの東京藝大の役割は、コンセプトを創ることです。最終的に商品やパッケージデザインも行ないましたが、事業化はあくまでも企業側に任されています。

co-op deli × GEIDAI デザインプロジェクト（2019）

本書で何度もお伝えしていますが、アーティストは、作品を制作することももちろんですが、これまでにない革新的なコンセプトを創出するところが特徴です。単にかっこいいものを作ってもらうのではなく、**革新的なコンセプトをともに考え、これまでなかったような製品やサービスを創り出すコラボレーションにする**必要があります。

※参照
東京藝術大学美術学部デザイン科「co-op deli × GEIDAI デザインプロジェクト」
https://design.geidai.ac.jp/news/2020-04-30-3322/

6

事例④ コニカミノルタ
——アフターコロナの新ビジョン

最後は、令和2年度文化庁文化戦略推進事業の一環として、私が企画提案したプロジェクトを紹介します。これは、**コニカミノルタ株式会社**で、**アフターコロナの新たなビジョンを考える**というプロジェクトで、アーティストに参加してもらい一緒に議論を重ねてきました。

コニカミノルタには、envisioning studio という将来的な会社のビジョンをカタチにする組織があります。新型コロナウイルス感染症により、社会が大きく変わる中、**これまでの事業の延長ではなく、全く新しい方向性を考える必要がある**のではと考えてこのプロジェクトを始めました。

新しい方向性を考えるにあたっては、**社員だけで議論していては出てこないコンセプトを導きたい**と期待して、アーティストを迎え入れることにしました。

本プロジェクトを始める前に、私の方から10人ほどのアーティストを提案し、コニカミノルタ側で３人に絞りました。この３人と面談を行ない、最終的に**久門剛史**氏（1981-）に決まりました。

久門氏は京都市立芸術大学の修士課程を出た後、企業に勤めた経験もあります。私たちが見逃してしまいそうな、**身近で起きているささやかな事象から歴史的な大きな事象**にまで興味をもち、**人々の記憶を呼び覚ますような作品**を制作しています。

その手法は、絵画、彫刻から、音や光を使ったインスタレーションまで多岐にわたります。広い視野で事象を捉えるところが、コニカミノルタのプロジェクトとマッチしたと思います。

このプロジェクトの最初に、久門氏が「**企業内部にジョーカー的ブレーンとして迎えられている**」と発した言葉が、アーティストの役割を明確に言い表していました。

ジョーカーは、**企業の人たちが当たり前と思っていることに対して問いを立てる**ことができます。実際に何人かの社員にヒアリングを行ない、「どうしてそういうことをするのか？」といった質問を投げかけていました。これらの問いは、社員にとっても新たな気づきをもたらします。

世界を正しく見るための「往復書簡」

社員との対話の中から、久門氏が提案したのが「**往復書簡**」でした。ちょうどコロナ禍だったので、定期的なプロジェクトミーティングはオンラインで行ないました。あるとき、久門氏から企業のメンバーに、「在宅勤務になって、自分の時間が増えたのか？」という質問がありました。メンバーたちは、移動に使っていた時間も会議になってしまい、逆に忙しくなったように思うと回答しました。

その話を聞いた久門氏は、**忙しい中では、なかなかいいアイデアは出てこないので、スピードダウンさせることも必要**ではと考え、提案したのです。

「往復書簡」は、定期的なオンラインミーティングとは独立して、月に1回程度実施しました。**久門氏から参加者に作品を創る材料とお題が送られてきて、そのお題について思ったことを作品にして返送する**というものです。

第3章のワークと同様で、コンセプトを考え、手を動かして作品を作るとなると、ある程度まとまった時間を作らなければなりません。メンバーは、他の業務で忙しい

久門剛史氏から送られてきた「往復書簡」

なか、スピードダウンさせる時間を少しずつ捻出し、ワークに着手しました。
時間をとって手を動かしていると、いろいろなことに気づくようになります。
久門氏は、往復書簡と定期的ミーティングで、コニカミノルタの社員が考えていることをヒアリングし、12枚のドローイングを制作しました。

コニカミノルタでは、2030年を見据えた長期での経営ビジョンステートメント「Imaging to the People」を策定しています。このビジョンは、「お客さまの『みたい』を実現することで、グローバル社会から支持され、必要とされる企業」になるというものです。

久門氏自身も「見るあるいは観る」ということに関心がありました。12枚のドローイングは、企業のメンバーの考えと自分の考えていることを融合させて、**「みる」ということのイメージを膨らませた**ものでした。

これらの作品のプリントを、ワークショップの参加者に事前に送りました。そして、自分が気に入った作品とそうでもない作品を1枚ずつ選んで、1週間部屋に飾ってもらったのです。

作品を毎日鑑賞する中で起こる変化などを記録してもらったうえで、オンライン

※参照
コニカミノルタ株式会社『統合報告書2021』「価値創造ストーリー」
https://www.konicaminolta.com/jp-ja/investors/ir_library/ar/ar2021/pdf/konica_minolta_ar2021_j_02_0921.pdf
『令和2年度 文化経済戦略推進事業 事業実施報告書（速報版）』有限責任監査法人トーマツ（2021年3月31日）
https://www.bunka.go.jp/seisaku/bunka_gyosei/bunka_keizai/pdf/93330901_01.pdf

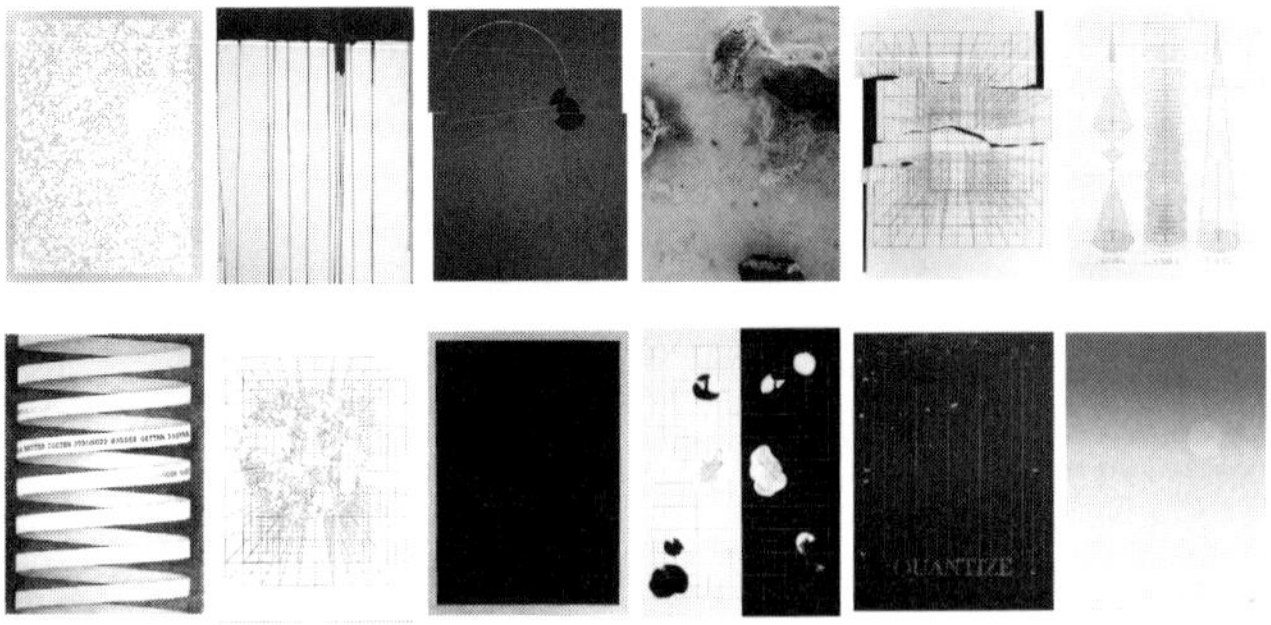

久門剛史　コニカミノルタに描いたドローイング

ワークショップを実施。ワークショップでは、各自が選んだ作品について、選んだ理由などを議論し、最終的には、個人個人がイメージングについてのビジョンを作成して終了しました。

事業を起点に考えると「今の技術をもっとこうしたい」などというビジョンになりがちですが、アートを起点としたアプローチをとることで、「世界を正しく見る手助けをすることで、よりよい社会をつくりたい」といった高い視座からの意見が出てきたのではないかと考えています。

プロジェクトメンバーからも、「私たちの使命は、新しい世界観を提示してenvisioningするというものであるが、**アートという新しい世界観でビジョンを作ることができ、使命に合ったプロジェクト**だと思う」との高評価を得ることができました。

久門氏がプロジェクトの最後に語ったコメントは、アーティストと企業がよりよい関係を構築するうえで非常に重要だと思います。

〝アーティストはあえて極端な非効率性を求め、その無駄の細部に真実を見いだそうとする場合があるが、企業では効率性が求められる。しかし、**双方とも世界をよりよくしようとしている点では共通しているので、お互いがフラットな関係をもてる場をいかにつくっていくかが重要**です〟

※参照
長谷川一英「Artistic Interventions アーティストとの共創による事業ビジョンの構築」，『技術と経済』第659号 p.51-60（2021）

7

アーティストとのコラボレーションを成功させるために

本章では、アーティスティック・インターベンションの事例をみてきました。いずれの場合も、アーティストは、革新的なコンセプトの創出に大きな役割を果たしています。

アーティストを迎え入れることで、組織のメンバーが常識と思っていることに対して問いを立て、改めて考えるきっかけになります。また、その組織のメンバーだけでは起こらないような議論が始まり、組織変革にもつながると考えられます。

それでは、アーティストとのコラボレーションを行なうときに、どういう点に留意すれば成功する可能性が高くなるかを考えてみましょう。

・アーティストをリーダーとして迎える

ヤマハやグーグルの事例をみてもわかるように、アーティストには、プロジェクトメンバーの一人ではなくて、リーダー的立場になってもらう必要があります。

アーティストが提案することは、企業の人たちには思いつかないものも多く、それは無理だと言ってしまいがちです。しかし、それではアーティストに入ってもらう意味がなくなってしまいます。アーティストが問いかけてきたり、提案したりすることは、その企業の人たちが常識と思ってスルーしてしまっていることが多いのです。

常識にとらわれていることに気づき、そこから脱却するためにも、アーティストの提案がなるべく採用されるように、リーダー的立場になってもらうべきだと思います。プロジェクトメンバーとしては、アーティストの意見に対して、どうしてそういうことを言っているのか、その意味を考えて、受け入れるマインドをもつようにしたいものです。

・コンセプトの創出を重要視する

企業とアーティストのコラボレーションのコンテストといった企画はときどき行なわれています。このような企画は、プロトタイプを制作することがゴールになっているものが多いと思います。企業側は、アーティストが、かっこいいプロダクトをデザインしてくれると期待してしまいます。

しかし、第1章で、アート思考で新規事業を起こした事例を紹介したように、多くのイノベーションは、革新的なコンセプトを考え出すことから始まります。そして、現代アートのアーティストたちは、自分の興味・関心から、革新的なコンセプトを考えてアート作品を制作していることを紹介しました。

したがって、アーティスティック・インターベンションは、アーティストにプロダクトデザインをしてもらうことを第一にするのではなく、ともに革新的なコンセプトを創出する点を重視すべきと考えます。

・アート作品を制作したときの帰属はあらかじめ決めておく

コニカミノルタのプロジェクトで、久門氏がドローイングを制作しました。この作品の権利はアーティストにあること、ただし画像については企業側も使うことができることなどを定めた覚書をプロジェクト開始時に作りました。

こうしたことを決めないで作品を創った場合、それが誰のものかで紛糾する可能性があります。アート作品を制作する可能性がある場合には、事前に決めておくようにしましょう。

・コーディネーターを活用する

企業がアーティスティック・インターベンションを行ないたいと思っても、アーティストを探すのが大変だと思います。そこで、アーティストと産業界、両方に詳しいコーディネーターに間に入ってもらって、自分のプロジェクトにふさわしいアーティストを探してもらうのがいいと思います。

プロジェクトを進行する際も、アーティストはたった一人で組織に入ってくるわけです。また、産業界のことがよくわからず、最初は戸惑うこともあると思います。そのようなときに、コーディネーターが両者の意見を翻訳・調整してくれることで、理解が促されます。

アーティストとの対話がイノベーションのきっかけとなる

ＶＵＣＡの時代といわれる今日、効率化と大量生産だけをしていたのでは、成長し続けることは難しい状況です。「０→１」のイノベーションを起こすことが最も重要になっています。

ここで求められる人材は、多くの人とは異なる視点をもち、他の人が考えもしないようなことを言い出す人です。ヤフーCSOの**安宅和人**氏は、著書『シン・ニホン』[※32]の中で、「異人」の時代と表現しています。

安宅氏がいう「異人」の特徴として、「**あまり多くの人が目指さない領域あるいはアイデアで仕掛ける人**」「**夢を描き、複数の領域をつないで形にする人**」「**どんな領域においても、相談できる人を知っていること**」を挙げています。これらの特徴は、現代アートのアーティストたちがもっている特徴と重なるところが多いのです。

社内で、このような「異人」を育成していくことも重要ですが、アーティスティック・インターベンションもひとつの有効な方策と考えられます。アーティストとともにプロジェクトに取り組むことで、イノベーションの創出や企業変革にチャレンジしていってほしいと思います。

私がこのような本を書くきっかけとなったのは、「現代アート」のアーティストたちの話を聴いて、私がスルーしていたことにも興味をもっていたり、ギリシア哲学にまで掘り下げてリサーチしていたりすることに驚かされたことです。

アーティストとの対話は刺激を与えてくれますし、なんとも魅力にあふれています。多くのビジネスパーソンに、アーティストの魅力に気づいてほしいものです。

※32　安宅和人『シン・ニホン　ＡＩ×データ時代における日本の再生と人材育成』NewsPicksパブリッシング（2020）

第5章

「アート思考」の実践③

アートから得るSDGsの新たな視点

1

SDGsとアートの関係

本章では、いまや企業活動に欠かせなくなっているSDGs（Sustainable Development Goals）に関して、アーティストがどのように思考し、作品を制作しているかを紹介します。

SDGsにおいても、アーティストは革新的なコンセプトを考えて取り組んでいます。ビジネスパーソンが学ぶ点も多くあります。

SDGsとは、持続可能な世界を実現するための開発目標をいいます。2015年9月の国連サミットで採択された「持続可能な開発のための2030アジェンダ」では、国連に加盟する193カ国が2016年から2030年の15年間で達成する目標が設定され、17のゴールと169のターゲットで構成されています（192〜193ページ図4参照）。

世界中の投資家が、SDGsに配慮している企業を重視して投資をするようになり、企業側もSDGsをその活動に取り入れるようになっています。

先日、人材派遣の仕事をしている方と話をしましたが、「新卒の学生さんが就職先を考えるにあたり、SDGsへの取り組みを非常に重視している。そのため、企業は、新卒採用のウェブページにSDGsへの取り組みを詳しく記載するようになっている」と言っていました。

このように、企業活動とSDGsは切り離せなくなっていますが、その理由として以下のようなことが挙げられます。

・新規事業の創出

SDGsに掲げられている目標の中には、簡単には達成できそうにないものもあり、ゴールに到達するためにはイノベーションが必要になります。

２０１７年に開催された世界経済フォーラム「ダボス会議」において、「２０３０年までにSDGsが達成されることで、**12兆ドルの経済価値がもたらされ、最大3億8000万人の新規雇用が生み出される**」と発表されています。

10
人や国の不平等をなくそう
Reduced inequalities

各国内および各国間の不平等を是正する

11
住み続けられるまちづくりを
Sustainable cities and communities

包摂的で安全かつ強靭(レジリエント)で持続可能な都市および人間居住を実現する

12
つくる責任つかう責任
Responsible consumption, production

持続可能な生産消費形態を確保する

13
気候変動に具体的な対策を
Climate action

気候変動及びその影響を軽減するための緊急対策を講じる

14
海の豊かさを守ろう
Life below water

持続可能な開発のために海洋・海洋資源を保全し、持続可能な形で利用する

15
陸の豊かさも守ろう
Life on land

陸域生態系の保護、回復、持続可能な利用の推進、持続可能な森林の経営、砂漠化への対処、並びに土地の劣化の阻止・回復及び生物多様性の損失を阻止する

16
平和と公正をすべての人に
Peace, justice and strong institutions

持続可能な開発のための平和で包摂的な社会を促進し、すべての人々に司法へのアクセスを提供し、あらゆるレベルにおいて効果的で説明責任のある包摂的な制度を構築する

17
パートナーシップで目標を達成しよう
Partnerships for the goals

持続可能な開発のための実施手段を強化し、グローバル・パートナーシップを活性化する

※参照
国際連合広報センター　https://www.unic.or.jp/activities/economic_social_development/sustainable_development/sustainable_development_goals/

図4 SDGsの17の目標一覧

1
貧困をなくそう
No poverty

あらゆる場所のあらゆる形態の貧困を終わらせる

2
飢餓をゼロに
Zero hunger

飢餓を終わらせ、食糧安全保障および栄養改善を実現し、持続可能な農業を促進する

3
すべての人に健康と福祉を
Good health and well-being

あらゆる年齢のすべての人々の健康的な生活を確保し、福祉を促進する

4
質の高い教育をみんなに
Quality education

すべての人に包摂的かつ公正な質の高い教育を確保し生涯学習の機会を促進する

5
ジェンダー平等を実現しよう
Gender equality

ジェンダー平等を達成し、すべての女性および女児の能力強化を行う

6
安全な水とトイレを世界中に
Clean water and sanitation

すべての人々の水と衛生の利用可能性と持続可能な管理を確保する

7
エネルギーをみんなにそしてクリーンに
Affordable and clean energy

すべての人々の、安価かつ信頼できる持続可能な近代的エネルギーへのアクセスを確保する

8
働きがいも経済成長も
Decent work and economic growth

包摂的かつ持続可能な経済成長及びすべての人々の完全かつ生産的雇用と働きがいのある人間らしい雇用(ディーセント・ワーク)を促進する

9
産業と技術革新の基盤をつくろう
Industry, innovation, infrastructure

強靭(レジリエント)なインフラ構築、包摂的かつ持続可能な産業化の促進及びイノベーションの推進を図る

SDGsの目標のために新規事業に取り組んでいることが評価されれば、ESG投資（「Environment（環境）」「Social（社会）」「Governance（ガバナンス）」）を重視している投資家や金融機関から資金を調達しやすくなるというメリットもあります。

・**企業イメージの向上**

SDGsに取り組んでいることが社会に浸透すれば、企業イメージの向上につながります。目標を掲げるだけでなく、実際に活動を行ない、公表していくことが必要です。SDGsに対する先進的な取り組みが広く認知されれば、優秀な人材が集まるようになります。先述の人材派遣の会社の人のコメントも、このことを裏付けています。

・**経営リスクの回避**

SDGsに積極的に取り組んでいる企業は、取引先にもSDGsに取り組むことを求めています。例えばCO_2削減への取り組みであれば、自社だけで削減するのではなく、上流から下流まで、サプライチェーンのすべての段階で削減することで大きな効果がもたらされます。

取り組みが甘いと判断されれば、取引先から除外されてしまう可能性もあります。

※参照
『すべての企業が持続的に発展するために　持続可能な開発目標（SDGs）活用ガイド 第２版』環境省（令和２年）

このように、いまや企業活動に切り離すことのできないSDGsですが、同時に、イノベーションを創出するチャンスでもあります。

SDGsのように大きなイノベーションが求められる領域では、「バックキャスティング」の考え方が有効といわれています。バックキャスティングとは、まず**「未来のあるべき姿」**を設定します。そして、**「あるべき姿」に到達する道筋を未来から現在にさかのぼって策定**する手法です。

第3章でみてきたように、「アート思考」は、**未来を見据えた事業プランを創出するために効果的な思考法**であり、SDGsの課題解決のイノベーションを創出するときにも大きな力を発揮すると考えられます。

ソーシャルイノベーションを実現するための共感力

アートがSDGsに対して発揮する効果として、もうひとつ、**共感力で人の心を動かす**ことができるということがあります。

２０２１年年8月には、東京藝術大学と東京大学が「**アートはSDGsにどう関われるのか？**」というテーマでウェビナーを開催しました。東京藝術大学学長の**日比野克彦氏**（1958-）は次のように語りました。

〝SDGs一つ一つのゴールを達成するのは人間であり、ゴールを達成したいと思うようになるには数値的な目標だけでなく、心の底からそうしたいと気持ちが動かないといけない。その気持ちが動かなければ達成した先の継続に繋がらないので、人の心を動かす芸術に接続する部分が必ずあります。

また、世の中的に芸術って社会の役に立つのかとこれまで言われてきましたが、**芸術こそがSDGsや社会的に大きな課題解決に向けて人の心を動かす為に必要だ**と思います。※33〟

日比野氏は、ダンボールを使った作品で有名な現代アーティストとして活躍してきました。古いダンボールを作品に転用するという取り組みは、SDGsの先駆ともいえると思います。

※33 SDGs MAGAZINE「アートはSDGsのために何ができる？ ～東京藝術大学×東京大学が考える人間と地球の関係～」
https://sdgsmagazine.jp/2021/08/27/2739/

第3章でみてきた、未来を見据えた事業プランの創出の手順は、次のようなものでした。

・自分の興味・関心をもった事象について、リサーチを行なう
・リサーチした内容を踏まえ、思考を飛躍させ、革新的なコンセプトを創出する
・このコンセプトをもとに、未来を見据えた事業プランを構想する

私が担当している青山学院大学のビジネススクール（ＭＢＡ）での講義で、学生が創った事業プランの半数ぐらいは、環境問題、食料問題、少子高齢化といったSDGsに関連したものでした。

同様に、現代アートのアーティストたちも、SDGs関連の事象に興味・関心をもち、作品を制作している例が多くみられます。

アーティストたちが、どのような視点でこれらの課題を捉え、コンセプトを創出しているかを知ることは、私たちがSDGsの目標達成に向けてイノベーションを考えるうえでおおいに役立ちます。

なかでも、日比野氏が言うような、多くの人に共感してもらい、取り組みに協力してもらえる**ソーシャルイノベーションを創出するには、アーティストの思考を知ることが不可欠**といってもいいでしょう。

そこで、本章では、SDGsに関連したアートについて紹介していきます。

2
移民・難民の個性に気づく《マクドナルドラジオ大学》

国際移住機関（ＩＯＭ）によると、移民とは、本人の法的地位や移動の自発性、理由、滞在期間にかかわらず、「本来の居住地を離れて、国境を越えるか、一国内で移動している、または移動したあらゆる人」のことを指します。

そして、移民のうち、紛争や迫害など、自発的でない理由で移動を強いられる人々を「難民」や「国内避難民」と呼んでいます。難民とは国境を越えて移動した人、国内避難民とは国境を越えず居住地と同じ国の中で移動した人を指します。

国連難民高等弁務官事務所（UNHCR）によると、２０２１年末時点で、難民は２７１０万人、国内避難民は５３２０万人にのぼります。[※34] 難民、国内避難民は紛争などから逃れ、安全な地域に移ることができても、快適な生活にはならないことが多いのです。財産を失い貧困に苦しむことも多く、移動した先で就労機会が得られないこともあります。

※34　国連 UNHCR 協会「数字で知る難民・国内避難民の事実」
https://www.japanforunhcr.org/refugee-facts/statistics

日本は、難民が発生している地域から遠いこと、実際に難民認定される人が非常に少ないといったこともあり、なかなか関心がもてない状況ではないかと思います。

高山明氏（1969-）は、現実の都市や社会に演劇的手法を導入し、その概念を拡張する活動をしている演劇ディレクター・アーティストです。

高山氏が行なった**《マクドナルドラジオ大学》**は、ハンバーガーショップのマクドナルドを大学に変えるアートプロジェクトです。**「教授」はなんらかの理由で故国を離れることになった移民や難民で、「学生」はマクドナルドに入店しハンバーガーやコーラとともに「教授」のレクチャーを注文して聴講する**ことができます。最初は2017年にドイツのフランクフルトで行なわれました。

2017年当時、中東から多くの難民がドイツに移動しました。フランクフルトに在住していた高山氏は、移動してきた難民にヒアリングを重ね、故国ではプロフェッショナルな仕事をしていたにもかかわらず、ドイツではその仕事に就けないでいる人が多いことに気がつきました。

私たちは、移民・難民と聞くと、故国を離れざるをえなかった人たちと、一括りに

第５章
「アート思考」の実践③
アートから得るSDGsの新たな視点

高山明《マクドナルド放送大学》(2017) フランクフルト　撮影＝蓮沼昌宏

してしまいがちです。しかし、実際には、**一人ひとり違う人生を歩んでいて、移動先でもその人生が尊重されることが望ましい**のです。

高山氏のヒアリングでは、さらに興味深いことがわかりました。難民たちは、中東からギリシャまでは船で移動し、ギリシアからは陸路でドイツまで来るケース（バルカンルート）が多かったのです。

そして、ギリシアからドイツまでの各都市で、お互いに情報交換をするのにマクドナルドを利用していました。メールを出したり情報を調べたりするのに、食事ができてWi-Fiも使えるマクドナルドが適していたのです。

高山氏は、難民がドイツにたどり着くまでの苦労については多くを語っていません。しかし、想像してみてください。なぜ彼らは、マクドナルドのWi-Fiを使わなければならなかったのか。おそらくホテルなどに泊まることができず、マクドナルドを頼るしかなかったにちがいありません。汚れた格好で店に入ってくる人たちもいたと思います。そのような人たちを受け入れるかどうかは、飲食店としては大きな決断だったでしょう。

このような情報は、インターネットで調べても出てこず、実際にヒアリングして初めてわかることです。

高山氏は、これらの情報をもとに、**マクドナルドを大学に変えて、プロフェッショナルな仕事をしていた移民・難民の人に講義をしてもらう**というコンセプトを考えました。マクドナルドからは、講師を受講生が囲むという形態だと、ハンバーガーを食べに来た人の迷惑になると言われ、講師はラジオの発信機に向かって講義を行ない、受講生は別の席でレシーバーを通じて聴くという方式を考え出しました。

講座は、哲学、音楽、建築、生物学、科学研究、ジャーナリズムなどの全15科目と、「大学」と呼べるだけ充実したものになっています。

この企画で、人々の認識が変わったことがもう1つありました。マクドナルドという企業のイメージです。アメリカの資本主義を代表するような企業ですが、**移民・難民に寛容であることを示すことにもなった**のです。マクドナルドは、お客さんに対して寛容なだけでなく、従業員にも多様な人材を採用しています。

図6 マクドナルドラジオ大学の講義内容

科目	講義内容
会計	難民起業家精神と内部管理会計
建築	シリアの都市アレッポに関する都市計画の提案
生物学	進化論とバイオテクノロジーを事例とした、科学、宗教、生命の関係
料理	料理の社会的に統合された側面について
英語	ウルドゥー語の物語とアメリカのポップカルチャーについて
国際関係	金融都市フランクフルトにおけるアラブ文化センター設立計画
ジャーナリズム	ジャーナリストで歴史家のニザール・ナユフ、シリアのメディア、ジャーナリズムの課題について
文学	パウロ・コエーリョの小説「アルケミスト」と、自身のシリアからドイツへのバルカンルートでの旅について
メディアサイエンス	詩人のティン・モーとラジオメーカーの創立者であるユージーン・マクドナルドの活動に基づく、ラジオというメディアの将来について
音楽	シリアのヒップホップの歴史と、「シェルター」としてのラップの可能性について
哲学	ハイデッガーの講義「建てること、住むこと、考えること」を読む
リスク管理	リスク回避戦略と人生における最大のリスクについて
科学研究	フランスの哲学者ブルーノ・ラトゥールによるアイデア「The Parliament of Things」に基づく、将来の社会へのビジョン
スポーツ科学	走ることの現象学
都市研究	都市における代替生存

McDonald's Radio University http://www.mru.global/

その後、このイベントは世界各地のマクドナルドで行なわれるようになりました。日本でも東京や金沢で実施されました。

このプロジェクトが革新的な点は次のようなところです。

・ドキュメンタリーではなくアートプロジェクトにした

このような課題に対してよく行なわれるのは、難民にインタビューして、苦労している状況をテレビ番組や映画にして公開するものです。一般の人が知らない難民の状況を伝えることはできますが、なかなか自分ごとにならないと思います。

世界中の人が関心をもち、積極的に難民の話を聴きに来る仕組みを創ったところが画期的でユニークです。

・マクドナルドを大学にした

大学の教室や町の会議室などを借りて、難民に話をしてもらう方が、手間をかけずに実現します。しかし、それではあまり注目されません。大学の教室で行なっていたならば、他の国から、自分の国でもやってほしいといった声はかからなかったかもしれません。

交渉を重ねて、マクドナルドを大学に変えたことで大きな話題になり、共感を得ることができました。これはマクドナルド側にもメリットがあり、普段はお店に来ないような人たちも、難民の講義を聴きたいと集まってきました。これは、日本のマクドナルドで実施したときにもみられました。

このような課題に対処するときに、ドキュメンタリーなどの手法をとるだけでなく、革新的なコンセプトを考え、イノベーションにつなげていくことも考えるべきでしょう。

※参照
Tokyo Art Beat『高山明「マクドナルド放送大学」』
https://www.tokyoartbeat.com/events/-/2018%2F07B0

3

電気のない地域に灯りをともす《Little Sun》

現在、世界では16億人の人々が電気にアクセスできない地域に住んでいます。世界人口の20％に相当します。これらの電力のインフラがない地域の人々は、灯油ランプなどを光源として利用しています。

燃料である灯油の価格高騰やランプの煤による健康被害（灯油ランプを一晩利用すると、一日に煙草２箱分を喫煙するのと同等の影響を受ける）などの問題があり、灯油ランプは理想的な光源ではありません。

日本に住んでいる私たちは、スイッチ１つで明かりがつくことが当たり前になっています。世界を見渡せば、今も電気を自由に使えない人たちが非常に多くいることになかなか気がつきません。そのため、SDGs のゴールには「エネルギーをみんなに、そしてクリーンに」があります。

デンマーク生まれのアイスランド人アーティスト、**オラファー・エリアソン**（Olafur Eliasson）（1967-）は「光」をテーマにした作品制作を続けています。

オラファー・エリアソンは、エネルギーの不均衡さという課題に着目して、「人々が、限りある天然資源を持続していく生活を続けていくために何が必要なのかを再び考え直し、これから話し合っていく必要があるのではないか」と提言、**「Little Sun」プロジェクト**を始めました。

まず、エンジニアの**フレデリック・オッテセン**（Frederik Ottesen）（1967-）と協力して、太陽を模した形のソーラー発電式ライトを開発しました。このライトの機能はシンプルで、5時間太陽光をあてることで充電でき、夜間の照明に使えます。3年ごとのバッテリー交換で最大20年は使用できる設計となっています。光源はLEDで、明るさも十分です。大きさは手のひらサイズで、持った感触も心地よく、誰にでも優しいデザインです。

このライトは私も持っていますが、かなり明るい光が出ます。

オラファー・エリアソンは、ライトだけでなく会社組織も作り、電気のない地域の

オラファー・エリアソン≪ Little girl reading with Little Sun Original ≫
©Franziska Russo
https://littlesun.org/media/

図5 Little Sunが引き起こしたインパクト
（2012〜2021年）

世界中に流通したLittle Sunの製品数	1,400,000
電気のない地域に流通したLittle Sunの製品数	869,000
製品の耐用年数全体にわたる累積的なエネルギー消費の節約	$175,000,000
エネルギーへのアクセスが改善された人々（人）	4,100,000
電気のない地域の学童の学習時間の増加（時間）	139,000,000
製品の耐用年数全体にわたる CO_2 削減量（メートルトン）	1,000,000

Little Sun「Our Impact」https://littlesun.org/impact/

人に《Little Sun》を届ける仕組みも考えました。

このライトは、電力インフラが整っている地域と電力にアクセスできない地域とで価格差が設定されています。この価格差で、電力インフラが整っていない地域に安く流通させることができるのです。

このプロジェクトは、2012年、ロンドン五輪の際に行なわれた文化振興プログラム「ロンドン2012フェスティバル」のひとつとして披露されました。

この10年間に、世界全体で140万個のライトが流通し、そのうち86万9000個が電気のない地域に届き、410万

※参照
Little Sun "Our Impact" https://littlesun.org/impact/

人が《Little Sun》を使うようになりました。このライトのおかげで、夜間に子どもたちが勉強できるようになった時間は、のべ1億3900万時間といわれています。

先進国では、環境問題の象徴としても《Little Sun》が使われています。

例えば、2016年にマラケシュで行なわれた気候変動枠組条約第22回締約国会議（COP22）のオープニングで、会場を暗くし、参加者全員が《Little Sun》を持ち、周りを照らすというパフォーマンスを行ないました。

2021年には、**イケアファウンデーション**（イケアの創業者、イングヴァル・カンプラードによって設立。貧困や気候変動の影響を受け、健康的な未来を迎える権利を奪われている子どもたちのために、よりよい生活をおくるための支援をしている）のサポートを受けて、炭素排出量ゼロへの移行とクリーンで安価なエネルギーへの普遍的なアクセスを加速させる10ステップを浸透させるキャンペーン「**リーチ・フォー・ザ・サン**」を始めました。

※参照
Litte Sun “Reach for the Sun” https://littlesun.org/reachforthesun/
IKEA “IKEA Foundation” https://www.ikea.com/jp/ja/this-is-ikea/about-us/fighting-poverty-and-climate-change-pubbe7fb230

アートとして提示して共感を得る仕組みを創る

オラファー・エリアソンは、アートとSDGsの活動の関係について、以下のように語っています。

〝アートはわれわれが思っている以上に耐久力があり、たくましいものです。私が何かを語ると、あなたの作品に影響するからと制する人もいますが、私の言葉さえ、アートの前では洗い流されてしまう。

アートは茹ですぎたヌードルのようにソフトなものでも、スピリチュアルなものでもない。アートは強い。世界のアイデンティティだって変えることができる。人々が互いに愛し合うためにも、アートは使われるべきだと思う。[※35]〟

《Little Sun》は昼間、太陽の光にあてておくだけで、かなり明るい光を得ることができます。巨大な設備を作らなくても、自分の手で明かりを作る技術を開発したところが革新的です。

そして、アートとして提示することで、先進国の人たちも共感して購入してくれて、

※35 AXIS「オラファー・エリアソンの『リトルサン』は、地球温暖化防止と世界の人々をつなぐプロジェクト」https://www.axismag.jp/posts/2020/08/257184.html

電気のない地域には安価で提供する仕組みを創ることができました。

役に立つということだけでなく、人々の心を動かすものを創出することが、SDGsには重要であることを示しています。

※参照
NPO法人 アート&ソサイエティ研究センター「光を共有するということ。オラファーエリアソンの『Little Sun』プロジェクト」
https://www.art-society.com/report/olafureliassonlittlesun.html

4

人と人、人と地域、地域と地域をつなぐ《明後日朝顔プロジェクト》

《明後日朝顔《あさってあさがお》プロジェクト》は、現在、東京藝術大学学長をされているアーティストの**日比野克彦**氏（1958-）によって行なわれています。朝顔の種を介して、人と人、人と地域、地域と地域をつなぐことを目的としているプロジェクトです。

２００３年に新潟で開催された「**大地の芸術祭　越後妻有《つまり》アートトリエンナーレ**」において、十日町市の莇平《あざみひら》集落にある廃校になった木造2階建ての校舎を利用して、作品《明後日新聞社文化事業部》を制作。そこで地元の住民と学生スタッフが共同して行なえる活動として、朝顔を校舎の屋根まで伸ばそうという活動を始めました。

芸術祭の会期が終了した後も、朝顔の種の収穫を、村の年中行事である収穫祭のときに一緒に行ない、1年を通して集落との交流が続きました。種が収穫できたのをきっかけに、翌年も育てようという動きが自然に発生します。

日比野克彦《明後日新聞社文化事業部》大地の芸術祭（2003）
Photo：Ishizuka Gentaro

2005年には、水戸芸術館にて「**日比野克彦の一人万博**」展が開催されました。新潟の集落の人が朝顔の苗を水戸まで持ってきて、水戸芸術館の壁に朝顔が伸びるように、新潟の人と水戸の人とで一緒に苗植えを行なったのです。これが、種が人を連れてくる最初のアクションになりました。

2006年には岐阜（岐阜県立美術館）・福岡（太宰府天満宮）にも朝顔が広がり、人と人、地域と地域をつなぐようになります。

2007年に、金沢21世紀美術館において「**日比野克彦アートプロジェクト『ホーム→アンド←アウェー』方式**」という展覧会を開催しました。この年には、プロジェクトが18の地域に拡大したのです。

明後日朝顔プロジェクトの理念を、以下のように設定しました。※36

種は、まだ見ぬ先へ想いを馳せている。
種は、時を越える事の出来る乗り物である。
種は、見知らぬ土地に行く事が出来る船である。

※36 日比野克彦「明後日朝顔プロジェクトのこれからの展開と課題についての考察」（金沢大学附属図書館報“こだま”第170号、2010年1月）
https://core.ac.uk/download/pdf/196740372.pdf

一粒の種の中には今までの無数の記憶が蓄積されている。
一粒の種の中には次に伝えるたくさんの思い出が詰まっている。
記憶と思い出が今日を過ごして花を咲かせると、明日の種が生まれてくる。
種の船に乗れば明日の明日へと繋がっていく。
そして……明後日の姿へと想いは広がる。

日比野氏は、「**日常の中に美術を機能させる**」という視点と「**既存の価値観を変化させる**」という２つの視点を常に考えて作品制作をしたり、プロジェクトを企画したりしてきました。明後日朝顔プロジェクトを行なったことで、この２つは並行しているものではなく、連鎖的に回転する関係にあることに気づきました。

つまり、「**既存という日常を見直すことによって価値が変化し、その価値観が日々の生活の中で機能する**」ということです。

２０１９年には、台湾も含む29カ所に広がり、さらに、ロケットに乗って宇宙にまで到達しています。「明後日朝顔全国会議」も1年に1回開催されています。

✓「あるべき姿」に向かうために必要な想像力

もう一度、日比野氏の言葉を紹介しましょう。

〝SDGsには数値で表せる目標がたくさんありますが、数字には一目瞭然でわかるよさがありますよね。（中略）

その一方で数字は、結果が出ないと諦めたりやめたりするきっかけにもなりかねません。そのため、『自分一人が減らしても変わらない』と思わないようにしたり、継続するための工夫も必要だと思います。私はその、**数字ではない『気持ち』の部分でアートにできることがある**、と社会にアピールしていきたいと考えています。[※37]〟

〝僕は、**アートで想像力は訓練できる**と思っています。**時間は一方向にしか進まないけれど、想像力を使えば100年前も、100年先もイメージできる。**

環境問題にとっても、想像力は大きな力です。想像力がなければ、『今が良ければいいじゃん』『温暖化でホッキョクグマがいなくなったって、別に関係ないし』って

※37　日比野克彦「SDGs達成や社会課題の解決のために、『芸術』には何ができるのか？」、電通報　https://dentsu-ho.com/articles/8254

ことになっちゃうでしょ？〃※38

この日比野氏の言葉は、企業がSDGsに取り組むうえで考えるべき本質的なことを提示しています。

SDGsのターゲットには、具体的な数値目標が書かれているものも多いのですが、その数値目標を達成すればいいのかというとそうではありません。例えば、「2030年までに、現在1日1・25ドル未満で生活する人々と定義されている極度の貧困をあらゆる場所で終わらせる」というターゲットがあります。しかし、1・25ドルをちょっとでも超えれば達成というわけではないと思います。

それぞれのターゲットが目指す「あるべき姿」を思い描き、バックキャスティングしていくためには、想像力が求められます。

SDGsへの取り組みにおいても、アーティストとのコラボレーションは効果的で、**未来の社会を見据える想像力を養う**ことができるようになります。

※38　日比野克彦「種をまく人。」、「エコジン」vol.6（2008年5月号）https://www.env.go.jp/guide/info/ecojin_backnumber/issues/08-05/pdf/01.pdf

5

先入観を打破した議論を導く《(im)possible baby, Case 01: Asako & Moriga》

長谷川愛氏（1990-）は、英国王立芸術大学院大学（ＲＣＡ）に入学して、スペキュラティブデザイン（問題を提起し社会夢想を促進する、現在考えられているデザインとは異なる態度のデザイン）を学びました。

イギリスでは未婚の女性でも卵子を冷凍保存できるのが当たり前でしたが、日本では２０１３年にようやく認可されたことなど、両国間で価値観が違うことが気になりました。日本の生殖医学会の倫理委員会のメンバーを調べたところ、12人中女性は１人しかいませんでした。日本では、女性の問題なのに男性が決めていると感じました。

そして、性的マイノリティの問題になれば、なおさら当事者が関わることはできないのではないかと疑問をもちました。

ｉＰＳ細胞を使えば、同性間で子どもをつくることは理論的には可能だといわれています。しかし、「同性間で子どもを作る技術の是非」を問うたときに、多くの人は簡単に賛同しない現状があります。

当事者のいないところで物事が決まっていく、同性間の子どもに対して思い込みをもっている人も加担している、ということを考える契機になればと、**《(im)possible baby, Case 01: Asako & Moriga ／（不）可能な子供 ケース1：朝子とモリガの場合》**という作品を制作しました。

実際の同性カップルの協力を得て、２人のＤＮＡのデータを提供してもらい、２人分の子どものＤＮＡデータを生成。そのデータから髪質、体型、性格などを推測し、ＣＧを使ってリアルなキャラクターを作成しました。さらに、家族だんらんの場面を描き、食事の好みなどもデータから設定し、朝食を家族で食べるシーンなどを創りました。

言葉で「同性間で子どもをつくる技術が実現するとしたら、どう思いますか？」と聞くのと、仮想ではあっても家族の姿をビジュアルで示すのとでは、答えは違ってくると考えました。

展示会場には、制作したＣＧが多数展示されています。鑑賞者は、同性カップルが

長谷川愛《(im) possible baby, Case 01: Asako & Moriga／（不）可能な子供 ケース1：朝子とモリガの場合》

子どもをつくることについて、自分の意見をポストイットに書いて、壁に貼れるようになっていました。貼られている意見を読んで、もう一度自分で考えることにもなります。

私も自分の意見を貼ってきましたが、ものすごい数のポストイットが貼られていて、関心の高い課題であることを改めて認識しました。

NHKでもこのプロジェクトについての番組が放送されました。放送後、Twitterでは、「性的マイノリティの人たちが培ってきたカルチャーが壊れてしまうのでは」「これから男女がさらに分断していくのでは」といったさまざまな意見が1000件ほどアップされたそうです。長谷川愛氏は、この反響の大きさやコメントの多彩さから、多くの人に対して思索や議論の材料を提供できたと考えています。

せっかく多数の意見が集まったのですから、アーカイブして、倫理委員会の議論に役立ててもらうことを試みてもいいと思います。

この作品で取り上げたような、先入観にとらわれてしまう課題に関しては、このようにテクノロジーとアートを使って視覚化することで、**先入観を打破し、多様な意見を引き出す**ことができます。ここにもアートの力があるのです。

※参照
長谷川愛『20XX年の革命家になるには――スペキュラティヴ・デザインの授業』ビー・エヌ・エヌ新社（2020）

6

社会課題からSDGsにつながるイノベーションを創る

現代アートは、アーティストが興味をもったり疑問に思ったりした社会事象から、常識を覆す革新的なコンセプトを創出するものです。そのため、SDGsにつながる社会事象に対して問いを立てる作品が非常に多いのです。

これまで、問いを立てるだけでなく、アーティストや鑑賞者がアクションを起こしたもので、イノベーションと呼んでもいいものを紹介してきました。

一方、企業がアーティストとSDGsに関するコラボレーションを行なっている例もみられます。アーティストの**藤元明**氏（1975-）は、日常の無駄や余剰になったものをアートに昇華することを続けています。

「安くて便利」を求める人間の欲望と地続きにある環境問題と、SDGsやサステナビリティすら形骸化してしまう現状に対し、**いかに人々の行動変容を促すことができる**

かを考えています。

2021年には、アイウエアブランドのJINS、廃漁網のリサイクルに取り組むリファインバースとコラボレーションを行ない、**宮城県で回収された廃漁網を活用して添加物不使用のサングラスのプロトタイプ**をアート作品として展示しました（商品化はされていない）。もしJINSのような大手メーカーが、こういった素材再生の取り組みにおいて商品化を加速させていけば、物理的にも社会的にも大きなインパクトがあると藤元氏は語っています。

SDGsに関連したテーマであっても、アーティストの発想の動きは、第2章や第3章で紹介したものと同じです。興味をもった社会事象に対して、徹底的にリサーチを行ない、思考を飛躍させてコンセプトを考えています。

私たちも、第3章のワークと同じ手法を行なうことで、SDGs関連の斬新なコンセプトを創出できるようになります。多くの人が常識と思っているようなコンセプトに追随するのではなく、その常識を覆すような、新しい自分なりのコンセプトを創ることが重要です。

※参照
藤元明個展「海ごみのあと / Trace of Marine Debris」
https://bijutsutecho.com/exhibitions/7849

Akira Fujimoto x JINS《COUNTERCURRENT》(2021)

アート界における SDGs の課題

本章で紹介した事例は、難民問題、環境問題、地域のコミュニケーション、同性婚といった課題を対象としたプロジェクトでした。アーティストは、これらに限らず、社会で起きているさまざまな課題に対し革新的なコンセプトを提示し作品を発表しています。

また、アートの業界にもいくつもの課題があり、それらの課題を克服しようとさまざまな取り組みが行なわれています。

環境問題でいえば、海外の作品を借用して展覧会を行なう場合、作品を空輸することで大量のCO_2排出につながると指摘されています。

そのため、遠方からの作品の借用をなるべく控え、国内の美術館の所蔵作品を活用する動きが起きています。

ジェンダー問題はアートの世界でも非常に大きな課題のひとつです。

※参照
窪田直子「2022年の美術　環境、経済情勢への対応課題に」日本経済新聞、2022年12月7日 https://www.nikkei.com/article/DGXZQOCD297FJ0Z21C22A1000000/
「アートのジェンダー平等追求　女性作家だけの米美術館」日本経済新聞、2022年11月4日

長年、アートの世界は男性優位の状況が続いていました。2019年に、日本国内の国公立美術館4館の所蔵作品を調査した結果、男性の作品が78〜88％で、女性の作品はわずか10〜13％だったのです。

米国で行なわれた調査でも同様に、所蔵作品全体に占める女性の作品の割合は、わずか12・6％でした。美術館に作品が所蔵されることは、アーティストのキャリアとして非常に重要ですが、ジェンダーの不平等が起きています。

さらに、米国での美術の学士号取得者のうちの70％、修士号取得者の65〜75％は女性ですが、アーティストとして活躍している女性となると46％に減っています。女性はアーティストとして作品を発表し、評価される機会が限られているのです。

このような背景に対して、2022年にイタリアのベネチアで行なわれた国際芸術祭「ベネチア・ビエンナーレ」では、**参加アーティストの約9割を女性やジェンダー・ノンコンフォーミング（従来の性別概念に合致しない人）が占め、従来の男性優位の状況に異を唱えました。**

1981年に米国ワシントンD.C.に設立された美術館「**National Museum of**

※参照
浅野菜緒子「アートの世界におけるジェンダー問題 〜データと歴史から紐解く女性アーティストたち〜｜浅野菜緒子【私たちのSDGs】」ELLE girl
https://www.ellegirl.jp/wellness/sustainable/a35899245/ellegirluni-naokoasano-21-0401/

Women in the Arts（NMWA）」は、国内外の女性アーティスト1000人以上の作品を所蔵しています。数年ごとに国際グループ展「**Woman to Watch**」を開催し、まだ**国際的に知られていない女性アーティストを紹介**しています。

2021年には日本にも委員会が結成され、2024年の国際グループ展には、日本の女性アーティストも参加します。

2022年にドイツのカッセルで行なわれた国際芸術祭「ドクメンタ15」では、インドネシアのアーティスト集団**ルアンルパ**が芸術監督を務めました。アジアから芸術監督が選ばれたのは、この芸術祭では初めてのことです。参加アーティストの多くが、資本主義の負の影響を受けてきた国から選ばれました。

これまでアートマーケットが、欧米の資本主義の仕組みの中で成長してきたことに問いを立て、**欧米のマーケット以外のところでもアートが果たす意義がある**ことを提起しました。

このように、アーティストやアートの業界の人たちは、SDGsとして提示された社会課題に対して、作品やプロジェクトなどの取り組みを通じて、広く議論の場を提供してくれています。

産業界の私たちビジネスパーソンも、**彼らの議論の中に入って、ともに考えることで、社会をよりよい方向に変貌させることができる**でしょう。

その過程で、いくつものイノベーションが生まれるに違いありません。「アート思考」がそのドライバーになると確信しています。

Epilogue
「アート思考」で「2回目のコペルニクス的転回」を目指す

これまで現代アートのアーティストの視点や思考が、産業界でイノベーションを起こすために効果的であることをお話ししてきました。

その起点は、アーティストが作品を制作する過程と、ビジネスパーソンが新製品や新サービスを開発する過程でとる態度が非常に似ているということでした。すなわち、アーティストの場合、興味をもった事象に対して丹念にリサーチを行ない、根本から考えることで、思考を飛躍させていました。そして、常識を覆す革新的なコンセプトを考え出し、アート作品として表現しているというものです。

私たちビジネスパーソンも、社会課題に対してR&D（Research and Development）を行なってコンセプトを創出し、新製品や新サービスを開発しています。

ビジネスパーソンとアーティストの大きな違いは、アーティストの視点がユニークで、**私たちがつい見逃してしまうような事象についても関心をもつ**ところと、**思考の**

飛躍の度合いが非常に大きいということがあります。アーティストたちは、リサーチを丹念に行ない、根本から考えることを繰り返しているうちに思考が飛躍するといいます。

一方で、ビジネスパーソンは、実現可能性や収益性といった要因をどうしても考慮するため、思考が狭まってしまいがちです。また、単年度で業績が評価されるため、短期的な思考になってしまいます。

本書のワークでは、アート作品を制作することで、制約を取り払って考えることを行ないました。実際に、飛躍したコンセプトから製品やサービスが生まれることも多く、このワークを繰り返すことで、思考を飛躍させる感覚を身につけることが重要です。

本書ではもうひとつ、アーティストとのコラボレーションで、企業に変革をもたらすことについても紹介しました。製品を開発した事例とSDGsに関連した事例がありました。これらの事例は、ビジネスの視座から、現代アートや現代アーティストの姿を捉えてきたということができます。

最後に、もう少し大きな視座から、アートやアーティストの社会的意義についてお話ししたいと思います。

チームラボ：人類を前に進めたい

壮大なプロジェクションの作品で、世界中に多くのファンをもつ**チームラボ**。代表の**猪子寿之**氏（1977-）は、徳島県の出身。テクノロジーとアートを融合させる作品の原点は、徳島での経験にありました。

高校生のときにテレビに映る東京の姿を見て、自分が住んでいる世界と連続しているようには感じられなかった、境界の向こう側の世界のように感じたそうです。

また、森の中を歩いていて美しいと思った景色を写真に撮っても、どうも自分の体感と違うものになってしまう、自分のいる世界とレンズが切り取った世界との間に境界ができるように感じました。

レンズは焦点が一点に決まっているため、写真や映像を撮影したとたんに、人間の見ている世界との間に境界ができてしまうのです。そのため、映画を鑑賞するときは椅子に座って1カ所から観る必要があります[※39]。

私たちも、素晴らしい景色に感動して写真を撮ってみたものの、プリントしてみると、実際に見た景色とは異なるように感じることはよく経験すると思います。この事

※39 Harvard Business Review「猪子寿之『境界を曖昧にすることで、世界がちょっと違って見える』」https://dhbr.diamond.jp/articles/-/4509

象に対して、**レンズは境界を作ってしまうと分析する**ところがユニークです。

そして、猪子氏は、**デジタルアートで鑑賞者と作品の間にできる境界を破壊すること**に取り組んできました。

お台場で2022年8月までオープンしていた巨大なミュージアムは、その名も「**チームラボボーダレス**」。ここで展示される作品は、移動し、影響を受け合い、混ざり合います。鑑賞者は境界のないアートに身体ごと没入し、さまよい、探索し、発見するように創られていて、鑑賞者と作品との間の境界を取り除くことに成功しています。

猪子氏は、境界をなくすことの重要性を次のように語っています。

〝自己との境界が曖昧になり、他者との境界も曖昧になり、作品、つまりは世界と自分との境界も曖昧になる状態を体験することは、実はすごく重要なことだと思う。他者との境界も不明確になれば、ふだん得られないような感覚を覚えられるし、世界との境界もなくなると、**自分は世界の単なる一部でしかないことを知ることができるから。**〟※40

※40　男の隠れ家「猪子寿之『自分を超越した体験はアートの中にこそある』」
https://otokonokakurega.com/listen/interview/56325/

チームラボは、**アートによって自分と世界との関係と新たな認識を模索することで、人類の価値観や認識を大きく変え、人類のステージを前に進めることを試みる**という壮大な未来を描いています。

猪子氏は、大学時代に工学部で確率・統計モデルを学んだテクノロジストです。**科学は人間が見える世界の範囲を広げてきた**のに対して、**アートは世界の見え方を変えるものです。この2つが相互に機能することで人類を前に進める**ことができると考え、チームラボでテクノロジーとアートを融合させた作品を創っています。

〝チームラボが大切にしている世界観は、他者の存在を肯定し、連続した物語や体験を描くことです。その背景にあるのは、全てがつながっているということ。人と人だけじゃなく、人と世界がつながっていることを肯定して、心から美しいと感じられる作品を生み出していきたい。その過程でアートが果たせる役割は大きいのではないかと感じています。[※40]〟

5000年後の未来に人類の文明はあるか

現代美術作家・**杉本博司氏**（1948-）は2017年、自身のアートの集大成と位置づけ、神奈川県小田原市に文化施設「**小田原文化財団　江之浦測候所**」を開設しました。広さ1万1500坪（3万8000平方メートル）という広大な敷地に、ギャラリー、屋外舞台、茶室などの建物に加え、さまざまな時代の石が点在しています。藤原京石橋、法隆寺創建時の若草伽藍礎石から信長の比叡山焼き討ちで焼けた日吉大社礎石まで、歴史が凝縮されています。

杉本氏は建築の耐用年数について考えました。コンクリートは100年といわれています。一方、ギリシアのパルテノン神殿は2500年、ピラミッドは4500年経っても崩れることなく、遺跡として威厳を湛えています。江之浦測候所もこのような遺跡にしたいと考え、構造物は基本的に石造りになっています。5000年後、現在の文明は滅んでいるかもしれないけれど、この場所は遺跡として輝くようにしたい。杉本氏は、この施設の竣工日を5000年後に設定しました。

《江之浦測候所全景》© 小田原文化財団

《冬至光遥拝隧道と光学硝子舞台》© 小田原文化財団

アーティストは、自分の作品が100年後にも価値が残ることを考えて制作していることが多いのですが、杉本氏は5000年後に思いを馳せていて、しかも新築時よりも朽ちたときの方が、さらに美しくなるように設計しているのです。

私は、ビジネスエグゼクティブの皆さんを江之浦測候所に案内して、杉本博司氏にレクチャーをしていただいたことがあります。人類史を俯瞰した話でしたが、人類は「**時間意識**」を獲得したことで進歩してきたという考えを披露してくださいました。それが江之浦測候所のコンセプトにもつながっています。

レクチャーを聴いた皆さんにとっては、これまでに経験したことのない視点・視座の話で、人生の転機になったという意見を多くいただきました。

杉本氏は、現在、ソニー、宇宙航空研究開発機構(JAXA)、東京大学と、「**STAR SPHERE**」というプロジェクトを行なっています。人工衛星にソニー製のカメラを搭載して、宇宙視点で作品を制作することで、新しい「〝**宇宙視点**〟**の芸術**」を目指しています。

杉本氏は、このプロジェクトに「**科学から空想へ**」というタイトルをつけました。

エンゲルス（Friedrich Engels）の提唱する「**空想から科学へ**」を逆転した名称です。共産主義社会が多くの人によって幻視された時代に、エンゲルスは社会科学として共産主義思想を説きました。しかし、共産主義は１００年の実験を経て失敗に終わりました。

現在は、科学の進歩により、人間の力ではコントロールできない事態も起きています。その影響は、環境問題、原子力、新興感染症など多岐にわたっています。杉本氏は、この状況を見て、**今こそ科学よりも空想に軸足を移すべき**ではないかと考えているのです。

ソニーとのプロジェクトを始めるにあたって、次のように語っています。

〝アーティストが科学者とコラボレーションして、人間の意識とか想像力がどこまで行くのか考察しないといけない。科学的な知見と拮抗するわけではないけれど、真実とは何か、真実の基盤そのものをもう一回考えざるを得ない時代だと思います。

２回目のコペルニクス的転回が人間の意識の中に現れないと、このままでは滅んでしまうという危機感があります。※41〟

※41　Sony - STAR SPHERE「エピソード０：宇宙感動体験 × 杉本博司 対談シリーズ“科学から空想へ”」https://www.youtube.com/watch?v=5UDtg93HhW4

杉本氏のようなアーティストは、ビジネスパーソンが考えていることを遥かに超えた思考で社会を観ていることがわかります。このようなアーティストが存在することで、2回目のコペルニクス的転回を引き起こすことが期待できます。

「経営」の語源は『画の六法』から

皆さんは、「経営」という言葉の語源をご存じでしょうか？

いくつか説があるようですが、編集者・著述家の**松岡正剛**氏（1944-）によると、5世紀ごろの中国の画家・謝赫《しゃかく》が『古画品録序』で論じた絵画の批評基準「**画の六法**」に由来するそうです。

「画の六法」は以下の6つです。

気韻生動：自然の気が画面にいきいきと表れていること
骨法用筆：現象の本質を筆がとらえていること
応物象形：絵が万物の形に従っていること
随類賦彩：応物を色で支えること

※参照
松岡正剛『日本文化の核心「ジャパン・スタイル」を読み解く』講談社現代新書（2020）
棚橋弘季「DESIGN IT! w/LOVE」,「謝赫の「画の六法」（あるいは、経営者は絵が描けないと…）」http://gitanez.seesaa.net/article/103837943.html

経営位置：コンポジション・配置を大事にすること
伝移模写：正確に対象を描写すること

この「経営位置」からとられたといわれています。

なぜ、組織の運営に関わる言葉を、絵画の評価基準のようなところからとってきたのでしょうか。

現在、企業は四半期決算を公表しており、常に業績を数字で判断されてしまいます。つい、数字をあれこれいじることにとらわれてしまいがちですが、それでは、イノベーションを起こして社会をより豊かにするという企業の使命を果たせなくなってしまいます。数字にとらわれるのではなく、**未来の絵を描くために組織の構図を考えなくてはいけない**という意味で、絵画の文言からとられました。

実は「経営位置」だけではなく、「画の六法」の他の文言も、組織の経営に示唆を与えてくれる意味をもっています。経営を行なうにあたり、論理だけでなくアートも重要であることは、古くからいわれていたのです。

本書では、革新的なコンセプトを創出し、イノベーションを起こすという観点から、アート作品・アーティストを紹介してきました。アーティストたちは、革新的なコンセプトを考えて作品を創っていること、それらはイノベーションともいってもいいほどの影響力を持っていることをご理解いただけたのではないでしょうか。

ぜひ皆さんも、アート思考を駆使して、企業の常識を突破し、イノベーションを創出してほしいと思います。

さらに、さまざまな場でアーティストと企業とのコラボレーションを推進することで、杉本博司氏が言う「**2回目のコペルニクス的転回**」を実現させていきましょう。

*

本書の「アート思考」を身につけるワークは、アーティストの篠田太郎さん、北桂樹さん、アートとビジネスをつなぐ活動をしている神谷泰史さんと議論をして構築しました。この3氏には、ワークショップで講師も務めていただき、ビジネスパーソンに多くの刺激を与えてくださいました。

特に、篠田太郎さんは、ビジネスパーソンの常識をことごとく打ち砕き、多くの受講生から慕われていました。その篠田さんが、2022年8月に急逝してしまいました。アートの世界で、革新的なコンセプトの作品を数多く残してきましたが、産業界にも大きな影響を与えうる人でした。ご冥福をお祈りします。

また、長年、企業経営に携わってこられ、「論理的思考」の観点から、多くのアドバイスをくださった宮本潤二さんに感謝いたします。

本書の製作にあたっては、アーティスト、ギャラリー、企業の皆様に画像を提供いただきました。ありがとうございました。

最後に、革新的なコンセプトで度肝を抜くような作品を創り、私の常識を覆してくれる多くのアーティストに感謝いたします。これからも素晴らしい作品を創り続けてほしいと思います。

長谷川一英

著者略歴

長谷川一英（はせがわ かずひで）

株式会社 E&K Associates 代表
青山学院大学大学院国際マネジメント研究科非常勤講師
1962 年東京生まれ。東京大学大学院薬学系研究科博士課程修了。芝浦工業大学工学マネジメント研究科（MOT）修了。日本と米国の製薬企業に通算 28 年間在籍し、創薬研究、経営企画などを行なう。新薬の成功確率は 3 万 1000 分の 1 といわれるなか、イノベーション創出について研究してきた。2018 年 10 月より現職。現代アートのイベントを主催、アーティストと交流する中で、「アーティストの思考の飛躍が産業界のイノベーション創出を促すこと」を構想。アート思考によるイノベーション人材育成プログラムを開発。文化庁令和 2 年度文化経済戦略推進事業として、アーティスティック・インターベンション事業を実施。アーティストと産業界とのコラボレーションにより、イノベーティブな社会ができることを期待している。

■株式会社 E&K Associates　https://eandk-associates.jp/

■ note「長谷川一英 @ アート思考の技術」
https://note.com/stargazek/

イノベーション創出を実現する
「アート思考」の技術

2023 年 2 月 17 日　初版発行
2023 年 6 月 26 日　2 刷発行

著　者 ―― 長谷川一英

発行者 ―― 中島豊彦

発行所 ―― 同文舘出版株式会社

東京都千代田区神田神保町 1-41　〒 101-0051
電話　営業 03（3294）1801　編集 03（3294）1802
振替 00100-8-42935
http://www.dobunkan.co.jp/

ISBN978-4-495-54133-0
印刷／製本：萩原印刷
Printed in Japan 2023